Druckfehler.

Seite	16	Zeile	18	von oben lies „Engländer“ statt „Lngländer“.
„	20	„	20	von oben lies „1)“ hinter „Haushaltungsvorstandes“,
„	26	„	13	von unten lies „3½“ statt „3 $/_2$“,
„	27	„	9	von oben lies „1350“ statt „1250“
„	27	„	9	von unten lies „6000“ statt „5000“,
„	33	„	6	von unten ist hinter „Einschätzung“ hinzu zu setzen: „und einem Zuschlag von 25 Prozent zur veranlagten Steuer“,
„	46	„	2	von oben fällt hinter „Reklamation“ das Komma weg,
„	66	„	8	von unten lies „1894“ statt „1898“.

Das

Einkommensteuergesetz

für die

Preußische Monarchie

mit

Einleitung, Anmerkungen und Sachregister

von

Gustav Dullo,
Stadtsyndikus a. D.

Berlin 1891.
J. J. Heines Verlag.

Vorwort.

Die einschneidenden Aenderungen, welche das neue Gesetz für das preußische Einkommensteuerwesen trifft, machen es jedem Staatsbürger, besonders aber allen Denjenigen, welche mit der Veranlagung und Erhebung der neuen Steuer amtlich befaßt werden, zur Pflicht, sich eine eingehende Kenntniß des Gesetzes und seiner Gründe zu verschaffen. Diese Kenntniß ist aus dem Gesetzestexte allein nicht zu entnehmen und zur Vermeidung von Irrthümern muß in vielen Fällen auf die Motive und die Berathung des Gesetzes zurück gegangen werden. Eine solche Anleitung zum Verständniß der Einkommensteuer und der historischen Entwickelung derselben zu geben ist der Verfasser, welchem eine langjährige Praxis in der Einkommensteuerveranlagung zur Seite steht, bemüht gewesen. Das Inhaltsverzeichniß und ein ausführliches Sachregister wird die Benutzung des Buches erleichtern, der billige Preis aber Jedem die Anschaffung ermöglichen.

Berlin, Mai 1891.

Der Verfasser.

Inhaltsverzeichniß.

Einleitung.

Die preußischen Klassen- und Einkommen-Steuergesetze sind zwar seit lange reformbedürftig gewesen, aber allgemeine Anerkennung hat diese Reformbedürftigkeit, namentlich an den entscheidenden Stellen, nicht gefunden. Im Gegentheil war während des letzten Jahrzehnts das Bestreben auf Abbröckelung der Einkommensteuer gerichtet, und erst unter der Herrschaft des „neuen Kurses" hat die Staatsregierung durch die Vorlage vom 3. November 1890 der Reform Weg und Ziele gewiesen, um die Einkommensteuer zum Hauptträger der direkten Staatsbesteuerung zu machen und ihr auf diesem Gebiete eine dominirende Stellung zu verschaffen.

Den Anfang der Einkommenbesteuerung hatte Preußen mit dem Klassensteuergesetze vom 30. Mai 1820 gemacht, welches als eine Art Berufs- und Standessteuer in der untersten Stufe von dem Arbeiter 1,50 Mark, in der höchsten Stufe von dem Großgrundbesitzer, Großhändler und Großindustriellen 144 Mark Steuer erhob. Das Gesetz vom 5. September 1821 steigerte dann den Höchstbetrag auf 432 Mark, aber mehr hatten damals auch die Reichsten nicht zu zahlen und in den 132 mahl- und schlachtsteuerpflichtigen Städten fiel selbst diese Steuer fort.

Die 1847 dem vereinigten Landtage von der Staatsregierung vorgelegte Reform der Einkommensteuer, nach welcher die Klassensteuer nur für die untersten Stufen bestehen bleiben sollte, verlangte die Einführung der Selbsteinschätzung, machte einen Unterschied zwischen dem, mit 3 vom Hundert zu besteuerndem fundirten und dem, mit 2 vom Hundert zu besteuerndem nicht fundirten Einkommen und wollte mit dieser Steuer auch die höchsten Einkommen treffen. Trotz lebhafter Befürwortung dieser Reform durch den Finanzminister von Duesberg, den Berichterstatter Camphausen und die Abgeordneten v. Vincke und v. Beckerath, lehnte die Mehrheit des vereinigten Landtages die Reform ab und mußte sich sagen lassen, daß sie ihre Interessen, aber nicht die des Staates vertrete.

Das Gesetz vom 1. Mai 1851 ließ dann die Klassensteuer bis zu einem Einkommen von 3000 M. bestehen, erhob in 12 Stufen von den Arbeitern, Bauern und kleinen Arbeitern 1,50 bis 9 M., von mittleren Grundbesitzern und Gewerbetreibenden 12 bis 30 M., von größeren Grundbesitzern und Gewerbetreibenden 36 bis 72 M. für's Jahr; die Einkommensteuer dagegen wurde mit 2.80 vom Hundert im Betrage von 90 bis zu 21600 M. von Einkommen über 3000 M. bis zu einem Höchstbetrage von 720000 M. erhoben. Dies Gesetz enthielt, da es einen solchen Höchstbetrag der Steuer festsetzte, keinen Unterschied in der Besteuerung des fundirten und unfundirten Einkommens machte und von der Selbsteinschätzung absah, augenscheinlich einen Rückschritt gegen die Reformvorlage des Jahres 1847, und mit Recht nannte es der General-Steuerdirektor Kühne eine Karikatur der Einkommensteuer.

Durch das Gesetz vom 25. Mai 1873 wurde demnächst die Klassensteuer als Berufs- und Standessteuer aufgehoben und das Einkommen von 420 bis zu 3000 M. mit einer Steuer von 0.63 vom Hundert bis zu 2.53 vom Hundert herangezogen, Einkommen unter 420 M. aber als Existensminimum freigelassen; Einkommen von mehr als 3000 M. ward mit einer Steuer von 3 vom Hundert des niedrigsten Betrages jeder Stufe getroffen, ein Höchstbetrag der Steuer also nicht mehr normirt, doch blieben die weitbemessenen Stufen bestehen, so daß beispielsweise ein Einkommen von 96000 M. nicht mehr Steuer, als ein Einkommen von

84000 M. zahlte. Bestehen blieb auch der Unterschied zwischen der Klassen- und Einkommensteuer, daß bei der Veranlagung jener den Staatsbehörden die schließliche Entscheidung blieb, bei der Einschätzung dieser die von den Censiten gewählten Kommissionen fast allein zu bestimmen hatten, sich also ganz besonderen Vorzuges erfreuten.

Das Gesetz vom 26. März 1883 befreite dann, nachdem die indirekten Steuern so erheblich erhöht waren, die Einkommen bis 900 M. von der Klassensteuer und ermäßigte die Klassensteuer, sowie die beiden untersten Stufen der Einkommensteuer durch Erlaß von 3 Monatsraten um 25 vom Hundert.

Die Reformbedürftigkeit der Einkommensteuer aber blieb bestehen. Der Staat erhielt den Theil des Einkommens der Steuerpflichtigen, auf welchen er für Erfüllung seiner Aufgabe ein Recht hat, nicht. In die Einschätzung des Einkommens, namentlich des hohen Einkommens war die schlimmste Korruption eingerissen und das hierbei geübte System gefährdete das Rechtsbewußtsein des Volkes. Die Vorkommnisse in Bochum mußten auch dem Blödesten die Augen öffnen, und die Sachverständigen wußten lange, daß in ähnlicher Weise fast überall gesündigt wurde. Das Vorgehen der Staatsregierung, welches mit dem System der Korruption brach, mußte daher mit Anerkennung begrüßt werden, und die Energie und Gewandheit, mit welcher die Vorlage vertreten wurde, zwang auch die innerlich Widerwilligen zur Nachfolge.

Außer der Selbsteinschätzung, der Verpflichtung zur Selbstangabe des steuerpflichtigen Einkommens, welche sich im Königreich Sachsen, in Baden, in Sachsen-Weimar, Anhalt, Hamburg, Bremen und Lübeck bereits bewährt hat und in Preußen der Regel nach nur für Einkommen von mehr als 3000 M. gelten soll, bestehen die wesentlichen Reformen des neuen Gesetzes in Folgendem:

1. Die Steuerpflicht ist nicht mehr auf physische Personen beschränkt, sondern auf Aktiengesellschaften, Kom-

manditgesellschaften auf Aktien, Berggewerkschaften, eingetragene Genossenschaften, deren Geschäftsbetrieb über den Kreis ihrer Mitglieder hinausgeht, und auf Konsumvereine ausgedehnt, welche die Rechte einer juristischen Person und einen offenen Laden haben.

2. Die Steuerfreiheit der vormals unmittelbaren deutschen Reichsstände soll gegen Entschädigung aufgehoben werden.

3. Es ist eine einheitliche Einkommensteuer eingeführt und die Klassensteuer hat auch dem Namen nach aufgehört.

4. Der Zwischenraum der einzelnen Stufen ist verringert und der Steuersatz für die kleineren und mittleren Einkommen herabgesetzt.

5. Eine Steuermäßigung wird bei Einkommen unter 3000 M. in der Art, daß für jedes Familienglied unter 14 Jahren 50 M. abgezogen werden und bei Einkommen bis zu 9500 M. in der Weise gewährt, daß in Folge von wirthschaftlichen Verhältnissen, welche die Leistungsfähigkeit des Steuerpflichtigen beeinträchtigen, eine Herabsetzung bis um 3 Stufen eintreten kann.

6. Bei der Steuerveranlagung ist der Staatsregierung ein größerer Einfluß, als sie bisher hatte, eingeräumt und gegen die Steuerveranlagung das Rechtsmittel der Berufung und der Beschwerde, welche letztere an das Oberverwaltungsgericht geht, gegeben.

7. Auf Steuerhinterziehungen und falsche Steuererklärungen sind Strafen angedroht.

8. Einkommensteuereinnahmen, welche die normirte Summe übersteigen, sollen zum Zweck der Ueberweisung der Grund- und Gebäudesteuer, ev. zu Einkommensteuererlassen verwendet werden.

Zu diesen Reformen soll im Allgemeinen Folgendes bemerkt werden.

Zu 1. Die Besteuerung der Aktiengesellschaften gewährt die einzige Möglichkeit, den ausländischen Aktionär heran zu ziehen, und das sicherste Mittel, alles Einkommen aus

Dividenden zu treffen; der Abzug von $3\frac{1}{2}$ vom Hundert begegnet in Höhe dieses Betrages dem Einwande der Doppelbesteuerung. Genossenschaften, deren Geschäftsbetrieb über den Kreis ihrer Mitglieder hinausgeht, sind Gewerbetreibende und ebenso einkommensteuerpflichtig, wie ihre Konkurrenten; dasselbe gilt von den Konsumvereinen, welche einen offenen Laden haben. Die hieraus in die Staatskasse fließenden Mehreinnahmen dürften nahe an 2 000 000 M. betragen.

Zu 2. Die Steuerfreiheit der früher Reichsunmittelbaren, welche zur Zeit noch dem Fürsten von Salm-Salm, dem Fürsten von Sayn-Wittgenstein-Hohenstein, dem Fürsten von Solms-Braunfels, dem Fürsten von Solms-Lich-Hohensolms, dem Fürsten von Wied, dem Fürsten von Isenburg-Birstein, dem Grafen von Isenburg-Meerholz, dem Fürsten von Isenburg-Wächtersbach, dem Grafen von Solms-Rödelheim, dem Grafen von Neuleiningen-Westerburg, dem Fürsten von Stolberg-Wernigerode, dem Grafen von Stolberg-Roßla und dem Grafen von Stolberg-Stolberg zusteht und meist durch besondere Verträge gewährleistet ist, wird in den breiten Schichten der Bevölkerung als ungerechte Bevorzugung angesehen, so daß deren Aufhebung um so wünschenswerther scheint, als die geschichtliche Entwicklung dieser Privilegien weit zurückliegt. Die Entschädigung wird, da die Steuerfreiheit von einigen bereits rechtskräftig erstritten, anderen vertragsmäßig zugesichert ist, nicht zu umgehen sein, dürfte aber mäßiger ausfallen, wenn das Ende der Befreiung, wie die Vorlage wollte, auf den 1. April 1894 festgesetzt wäre, während nach der von dem Abgeordnetenhause beschlossenen Festsetzung die Befreiung erst nach gesetzlicher Festsetzung der Entschädigung ihr Ende finden soll.

Zu 3. Die Einführung einer einheitlichen Einkommensteuer und die Gleichstellung in der Veranlagung der großen und kleinen Einkommen kann nur erwünscht sein.

Zu 4. Dasselbe gilt von der Verkleinerung des

Zwischenraumes der einzelnen Stufen und von der Ermäßigung des Steuersatzes für die mittleren und kleinen Einkommen; vielleicht gelingt es allmählig, den Gedanken immer mehr einzubürgern, daß nur das Einkommen veranlagt und die Steuer tarifmäßig von dem Kalkulator berechnet wird. Die Vermehrung der Stufen für die höheren Einkommen und die Berechnung des Steuersatzes nach dem mittleren Einkommenbetrage jeder Stufe stellt nach Annahme der Staatsregierung eine Mehreinnahme von 2 045 684 M. in Aussicht, während die Ermäßigung der Steuersätze bei den bisherigen Klassensteuerstufen eine Mindereinnahme von . . . . . 1 240 925 M. ergeben würde, so daß sich ein Mehr von 804 759 M. herausstellen dürfte.

Zu 5. Wie beträchtlich die hier den Familienvätern, deren Einkommen nicht mehr als 3000 M. beträgt, gewährte Steuerermäßigung ist, geht daraus hervor, daß die Staatsregierung den Werth dieser Ermäßigung auf 2 500 000 M. veranschlagt.

Zu 6. Daß die Regierung einen Theil der Mitglieder der Veranlagungskommission ernennt, wird von hervorragender praktischen Bedeutung schwerlich sein, denn die ernannten Mitglieder werden fast ausnahmslos dem Veranlagungsbezirke angehören und ihre Interessen sind dann ziemlich dieselben, wie die des gewählten Mitgliedes. Von viel größerer Bedeutung ist die Frage, wer den Vorsitz in der Kommission führen soll. Nach dem Gesetze soll dies der Landrath, in den Stadtkreisen der Oberbürgermeister oder ein von der Regierung ernannter Kommissar sein. Die Politik und der zeitige Mangel an geeigneten, der Verwaltung für die direkten Steuern zur Verfügung stehenden Beamten mag diese Bestimmung vorerst entschuldigen. Die Zukunft aber erst wird lehren, ob die Staatsregierung den ernsten Willen hat, dem Gesetze und nur dem Gesetze Achtung zu verschaffen, oder ob sie duldet, daß das alte System der Korruption fortgesetzt wird. Das Letztere aber tritt voraussichtlich ein, wenn die Staatsregierung nicht dafür sorgt, daß allmählig eine genügende Anzahl von Steuerassessoren und Steuerräthen vorhanden ist, welche in jedem Veranlagungsbezirke als Kommissare der Staatsregierung den Vorsitz in den Kommissionen übernehmen. Sonst wird die Selbsteinschätzung eine Pön für die ehrlichen und eine Prämie für die unehrlichen Leute. Das Bedenken gegen die Landräthe und Oberbürgermeister liegt freilich nicht auf politischem Gebiete, denn mit ganz singulären Ausnahmen steht gar nicht zu befürchten, daß man sein Müthchen an dem politischen Gegner auf dem steuerlichen Felde kühlen sollte. Die Landräthe und Oberbürgermeister sind aber anderweit zu beschäftigt, als daß sie der Einkommensteuerveranlagung die gebührende Zeit sollten widmen können, und diese Veranlagung erfordert einen ganzen Mann. Es scheint ebenso wenig nothwendig, daß die Landräthe und Oberbürgermeister in die Steuerverhältnisse der Kreiseingesessenen und der städtischen Bewohner eingeweiht sind; als Belag hierfür dient, daß mehr als ein Oberbürgermeister bei der Steuerveranlagung ganz unbetheiligt ist und sein Amt trotzdem trefflich verwaltet. Die Landräthe und Oberbürgermeister sind auch viel zu abhängig von den Großgrundbesitzern und den Patriziern, als daß sie der schweren Pflicht, aus dem Säckel der Kreiseingesessenen und Bürger für den Staat so viel zu nehmen, als dem Staat nach dem Gesetze gebührt, sollten genügen können, wenn sie nicht in Verruf erklärt werden wollen. Auch die Landräthe und Oberbürgermeister sind Menschen und unter den Menschen sind die Charaktere, die ohne Menschenfurcht nur das Gesetz zur Richtschnur nehmen, selten. Dagegen sind die Steuerassessoren und Steuerräthe, welche überdem zu strenger Pflichterfüllung dressirt und gedrillt werden müssen, ganz unabhängig von Kreiseingesessenen und Bürgern und werden ihren Stolz und ihre Ehre darin setzen, die Anerkennung des Ministers, der über das Gesetz zu wachen hat, sich zu erwerben. Und der Minister wird strenge Wacht zu halten haben, denn es ist nichts als Aberglauben, daß die Steuerpflichtigen bei Abgabe der Steuererklärung stets die Wahrheit sagen werden. Die Erfahrungen, die man in dieser Beziehung überall, wo Selbsteinschätzung gilt, beispielsweise in Hamburg gemacht hat, beweisen das Gegentheil, und es wird ernster Arbeit bedürfen, um die bei uns inveterirten Uebelstände auszurotten. Ohne Steuerassessoren und Steuerräthe wird die Selbsteinschätzung eine „neue Schürze auf's alte Kleid" werden.

Die Anordnung der Berufungs- und Beschwerde-Instanz erscheint sachgemäß und namentlich ist es zu billigen, daß die Entscheidung über die Beschwerde in die Hand des Oberverwaltungsgerichts gelegt worden, welches sich mit Recht allgemeiner Achtung und Anerkennung erfreut.

Zu 7. Die Vorlage hatte die Nichtabgabe der Steuererklärung mit dem Verluste der gesetzlichen Rechtsmittel für das betreffende Steuerjahr bedroht, das Abgeordnetenhaus war jedoch fiskalischer als der Fiskus und bedrohte die Nichtabgabe der Steuererklärung noch mit einem Strafzuschlag im Betrage von 25 vom Hundert der veranlagten Steuer, obgleich der Verlust der Rechtsmittel eine wohl ausreichende Strafe für die unterlassene Steuererklärung enthält.

Zu 8. Während die Vorlage den Ertrag der Einkommensteuer für das Jahr 1892/93 auf 79833000 M. und die Steigerung für das folgende Jahr anf 5.15 vom Hundert angenommen hatte, rundete das Abgeordnetenhaus jenen Ertrag auf 80000000 M. ab und ermäßigte die zu erwartende jährliche Erhöhnng auf 4 vom Hundert. Ueber die Verwendung eines höheren Ertrages stimmte das Abgeordnetenhaus mit der Staatsregierung, unter Verwerfung der Quotisirung, dahin überein, daß der Ueberschuß zur Ueberweisung von Grund- und Gebäudesteuer an kommunale Verbände nach Maßgabe eines besonderen Gesetzes verwendet werden sollte und daß, wenn dies Gesetz bis zum 1. April 1894 nicht zu Stande kommt, der Ueberschuß zum Erlaß eines entsprechenden Betrages der Einkommensteuer zu verbrauchen sei. Für die Schätzung des in Folge des Deklerationszwanges eintretenden Mehrertrages der Einkommensteuer fehlt es allerdings an Grundlagen, aber die Annahme, daß dieser Mehrertrag nur 15 Millionen Mark betragen sollte, dürfte viel zu niedrig gegriffen sein, falls das Gesetz im Sinne und Geiste desselben ausgeführt wird. Mit Ausnahme des Diensteinkommens der Beamten dürfte nach dem bisherigen Verfahren selten ein Einkommen voll veranlagt sein und die Fälle, in denen nur die Hälfte oder nur ein Drittel des Einkommens veranlagt worden, sind viel zahlreicher, als alle Diejenigen, welche an der bisherigen Korruption mitschuldig sind, wahr haben wollen. Ebendieselben werden auch das Ihrige dazu beitragen, daß auch das neue Gesetz nur ein Scheindasein erlangt.

Die eingetretenen Aenderungen der Vorlage, welche das Haus der Abgeordneten und das Herrenhaus vorgenommen hat, sollen in den Anmerkungen zu dem Gesetze berücksichtigt werden.

Hier mag nur bemerkt werden, daß das Herrenhaus, unter demnächstiger Zustimmnng des Abgeordnetenhauses, im § 51 die Worte „und mindestens zwei Mitgliedern" gestrichen, im § 77 Abs. 2 die Zahl 9 in 6 und Abs. 3 die Zahl 1050 in 900 geändert, im § 58 „Monats" statt „Vierteljahres" gesetzt, im § 82 aber die Worte „der Beseitigung der Grund- und Gebäudesteuer als Staatssteuer und" hinzugefügt hat. Der zu § 16 von dem Oberbürgermeister Zweigert aufgenommene Antrag Achenbach-Zedlitz über die Besteuerung der Aktiengesellschaften wurde abgelehnt. Den Kommissionsantrag zu § 17, die Einkommen von mehr als 100000 M. mit 3 vom Hundert zu besteuern, nahm das Herrenhaus zwar an, stimmte jedoch als das Abgeordnetenhaus seinen Beschluß, diese Einkommen mit 4 vom Hundert zu besteuern, aufrecht erhielt, demselben unter Annahme einer Resolution zu. —

Wir Wilhelm, von Gottes Gnaden König von Preußen rc. verordnen mit Zustimmung beider Häuser des Landtags Unserer Monarchie, für den Umfang derselben mit Ausschluß der Hohenzollernschen Lande und der Insel Helgoland,[1]) was folgt:

I. Steuerpflicht.

1. Subjektive Steuerpflicht.[2])

§ 1. Einkommensteuerpflichtig sind:

1. die Preußischen Staatsangehörigen, mit Ausnahme derjenigen,
   a) welche, ohne in Preußen einen Wohnsitz (§ 1 Absatz 2 des Reichsgesetzes wegen Beseitigung der Doppelbesteuerung, vom 13. Mai 1870 — Bundes-Gesetzbl. S. 119) zu haben, in einem anderen Bundesstaate oder in einem Deutschen Schutzgebiete[3]) wohnen oder sich aufhalten;
   b) welche neben einem Wohnsitz in Preußen in einem anderen Bundesstaate oder in einem Deutschen Schutzgebiete ihren dienstlichen Wohnsitz (§ 2 Absatz 3 a. a. O.) haben;[4])
   c) welche, ohne in Preußen einen Wohnsitz zu haben, seit mehr als zwei Jahren[5]) sich im Auslande dauernd aufhalten.

   Auf Reichs- und Staatsbeamte, welche im Auslande ihren dienstlichen Wohnsitz haben und dort zu entsprechenden direkten Staatssteuern nicht herangezogen werden, findet die Ausnahme unter c keine[6]) Anwendung;

2. diejenigen Angehörigen anderer Bundesstaaten,[7])
   a) welche, ohne in ihrem Heimathsstaate einen Wohnsitz zu haben, in Preußen wohnen oder, ohne im Deutschen Reiche einen Wohnsitz zu haben, sich in Preußen aufhalten;
   b) welche in Preußen ihren dienstlichen Wohnsitz (§ 2 Absatz 3 a. a. O.) haben;
3. diejenigen Ausländer,[8]) welche in Preußen einen Wohnsitz haben, oder sich daselbst des Erwerbes wegen oder länger als ein Jahr aufhalten;
4. Aktiengesellschaften,[9]) Kommanditgesellschaften auf Aktien und Berggewerkschaften [10]) welche in Preußen einen Sitz haben, sowie diejenigen eingetragenen Genossenschaften,[11]) deren Geschäftsbetrieb über den Kreis ihrer Mitglieder hinausgeht;
5. Konsumvereine [12]) mit offenem Laden, sofern dieselben die Rechte juristischer Personen haben.

[1]) Die Worte „und der Insel Helgoland" sind von dem Abgeordnetenhause, mit Rücksicht auf die inzwischen eingetretene Erwerbung derselben und der den Bewohnern zugesagten Nichteinführung der preußischen Steuergesetze, hinzugefügt.

[2]) Die subjektive Steuerpflicht betrifft die der Personen an sich.

[3]) Die Worte „oder in einem Deutschen Schutzgebiete" sind im § 1a und b von dem Abgeordnetenhause zugesetzt, um diese in einkommensteuerlicher Hinsicht den Deutschen Bundesstaaten gleichzustellen.

[4]) Der § 1a und b enthält im Uebrigen das auf dem Gesetze vom 13. Mai 1870 ruhende, bestehende Recht.

[5]) Nach dem bisherigen Rechte waren der Klassensteuer nur die Einwohner des Staates unterworfen, der Einkommensteuer dagegen unterlagen ohne Zeitbeschränkung alle im Auslande sich aufhaltenden preußischen Staatsbürger. Da diese jedoch von den preußischen Staatseinrichtungen wenig Vortheil haben, auch die Veranlagung und Einhebung der Steuer von denselben mit vielfachen Schwierigkeiten verknüpft ist, so hat das Gesetz einen Mittelweg eingeschlagen und die Steuerpflicht auf die Dauer eines 2jährigen Aufenthaltes im Auslande beschränkt.

[6]) Dieser, von dem Abgeordnetenhause beschlossene Zusatz betrifft besonders die Konsularbeamten. Befreit von direkten Abgaben sind

unsere Berufskonsuln und berufsmäßigen Konsularbeamten in den Vereinigten Staaten von Nordamerika, in Rußland, Hawaii, Griechenland, Mexiko und Serbien; nur unsere Berufskonsuln, nicht aber unsere übrigen berufsmäßigen Konsularbeamten sind von direkten Steuern befreit in den Niederlanden, in Italien, in Spanien, Brasilien, Salvador, Kosta-Rika, in der dominikanischen Republik, in Guetemala und Honduras; nur die Meistbegünstigung in Betreff der Entrichtung von Abgaben ist unseren Berufskonsuln und allen berufsmäßigen Konsularbeamten in der Argentinischen Republik, in China, Chile, Siam, Frankreich, Japan, Portugal, Persien und Oesterreich-Ungarn gewährt; keine Bestimmungen hierüber enthalten die Verträge mit Großbritannien, Liberia, Tongo und Marokko; mit allen übrigen Ländern, beispielsweise mit Dänemark, Belgien, der Schweiz, mit Rumänien, mit Tunis, mit der Südafrikanischen Republik, mit Haïti, Uruguay, Paraguay, Venezuela, Peru, Kolumbien und Korea bestehen keine Verträge hierüber, so daß in allen diesen Ländern die Heranziehung unserer Konsularbeamten zu den direkten Steuern erfolgen kann.

[7]) Auch die Bestimmung zu b ist bestehenden Rechtens und stützt sich auf das Gesetz vom 13. Mai 1870; die Bestimmung zu a soll verhüten, daß die Betreffenden in ganz Deutschland steuerfrei bleiben.

[8]) Bisher waren Ausländer klassensteuerpflichtig, sobald sie sich des Erwerbes wegen im Inlande aufhielten oder nachdem sie sich aus anderen Gründen ein Jahr an demselben Orte des Inlandes aufgehalten hatten; einkommensteuerpflichtig dagegen wurden sie nach einjährigem Aufenthalte im preußischen Staate. Diese Ungleichheiten beseitigt das Gesetz, läßt auch die Steuerpflicht für den Fall des Gewerbebetriebes oder der Begründung eines Wohnsitzes sogleich beginnen.

[9]) Die Einkommensteuerpflicht aller juristischen Personen als Regel aufzustellen, war nicht zulässig, weil diese Regel aus staatsrechtlichen und volkswirthschaftlichen Gründen allzu viele Ausnahmen hätte erleiden müssen. Das Gesetz hat daher nur die wichtigsten und steuerkräftigsten Erwerbsgesellschaften einzeln aufgeführt. Die Aktiengesellschaften sind von fast allen neueren Gesetzgebungen als steuerpflichtig erklärt. Zur Vermeidung oder doch zur Minderung einer Doppelbesteuerung wollte die Vorlage die Dividenden bis zu Drei vom Hundert, den Betrag eines mäßigen Zinsfußes für sichere Anlagen, steuerfrei lassen; das Abgeordnetenhaus erhöhte diesen Betrag jedoch auf Dreieinhalb vom Hundert; ein Antrag Achenbach, der dem steuerpflichtigen Aktionär, welcher die Aktien mindestens ein Jahr lang besessen, den auf die Dividende entfallenden Reinertrag erstat-

ten wollte, wurde in 2. Lesung zwar angenommen, demnächst jedoch abgelehnt, weil er eine Fülle von Schreibereien und Abrechnungen zur Folge gehabt hätte.

[10]) Ueber die Berechnung des Einkommens der Berggewerkschaften, Aktiengesellschaften und Genossenschaften vergl. § 16.

[11]) In neuerer Zeit betreiben zahlreiche eingetragene Genossenschaften ihre Geschäfte in so erheblichem Umfange, ohne dieselben auf den Kreis der Mitglieder zu beschränken, daß sie den Charakter großer gewerblicher Unternehmungen, welche auf Kapitalsvereinigung beruhen, angenommen haben.

[12]) Der Breslauer Konsumverein hat im Jahre 1889 einen Reingewinn von 792666 M. vertheilt; der Umsatz des deutschen Offiziervereins ist noch erheblicher, als der jenes Konsumvereins.

§ 2. Ohne Rücksicht auf Staatsangehörigkeit, Wohnsitz oder Aufenthalt unterliegen der Einkommensteuer alle Personen mit dem Einkommen

a) aus den von der Preußischen Staatskasse gezahlten Besoldungen, Pensionen und Wartegeldern;[1])

b) aus Preußischem Grundbesitz und aus Preußischen Gewerbe- oder Handelsanlagen oder sonstigen gewerblichen Betriebsstätten.[2])

Die Bestimmung zu b findet auch auf Aktiengesellschaften, Kommanditgesellschaften auf Aktien, Berggewerkschaften und die im § 1 Nr. 4 und 5 bezeichneten eingetragenen Genossenschaften Anwendung.

[1]) Die Bestimmung zu a ist bestehenden Rechtens.

[2]) Die Bestimmung zu b beseitigt einen bisher zwischen Klassen- und Einkommensteuerpflichtigen gemachten Unterschied. Die Entscheidung der Frage, was als Anlage anzusehen ist, soll der Praxis überlassen werden.

§ 3. Von der Einkommensteuer sind befreit:

1. die Mitglieder des Königlichen Hauses und des Hohenzollernschen Fürstenhauses;[1])
2. die Mitglieder des vormaligen Hannoverschen Königshauses, des vormaligen Kurhessischen und des vormaligen Herzoglich Nassauischen Fürstenhauses;[2])

3. die bei dem Kaiser und Könige beglaubigten Vertreter fremder Mächte und die Bevollmächtigten anderer Bundesstaaten zum Bundesrathe, die ihnen zugewiesenen Beamten, sowie die in ihren und ihrer Beamten Diensten stehenden Personen, soweit sie Ausländer sind;[3])
4. diejenigen Personen, denen sonst nach völkerrechtlichen Grundsätzen oder nach besonderen, mit anderen Staaten getroffenen Vereinbarungen ein Anspruch auf Befreiung von der Einkommensteuer zukommt.[4])

Die Befreiungen zu Nr. 3 und 4 erstrecken sich nicht auf das nach § 2 steuerpflichtige Einkommen und[5]) bleiben in denjenigen Fällen ausgeschlossen, in welchen in den betreffenden Staaten Gegenseitigkeit nicht gewährt wird.

[1]) Den Mitgliedern des königlichen Hauses und des hohenzollernschen Fürstenhauses ist die Befreiung von der Einkommensteuer im § 16 d. G. vom 1. Mai 1851 und 25. Mai 1873 vorbehalten.

[2]) Diese Bestimmung stützt sich auf die Verordnung vom 28. April 1867 und 11. Mai 1867; ein Antrag v. Eynern, diese Steuerbefreiungen gegen Entschädigung, wie die der Reichsunmittelbaren aufzuheben, wurde mit großer Mehrheit abgelehnt.

[3]) Hierfür ist der Grundsatz der Exterritorialität der Gesandten entscheidend, welcher auch in der Anweisung vom 4. März 1879 Ausdruck für die Praxis gefunden hat.

[4]) Dies ist ein Ausfluß des ebenerwähnten Grundsatzes und bezieht sich beispielsweise auf die mit der Abnahme von Waffen oder Schiffen oder mit der Abwickelung von Finanzgeschäften beauftragten Personen.

[5]) Dieser Zusatz ist vom Abgeordnetenhause beschlossen.

§ 4. Die Häupter und Mitglieder der Familien vormals unmittelbarer Deutscher Reichsstände, welchen das Recht der Befreiung von ordentlichen Personalsteuern zusteht, werden zu der Einkommensteuer von dem Zeitpunkte ab herangezogen, in welchem durch besonderes Gesetz die Entschädigung für die aufzuhebende Befreiung von der Einkommenstener geregelt sein wird.[1])

[1]) Der Antrag Rickert, nach welchem die Reichsunmittelbaren vom 1. April 1892 ab der Einkommensteuer unterliegen sollten, wurde von dem Abgeordnetenhause ebenso wie der Antrag Achenbach abgelehnt, welcher die Reichsunmittelbaren vom Inkrafttreten dieses Gesetzes ab der Einkommensteuer unterwerfen und eine billige Entschädigung durch besonderes Gesetz normiren wollte.

2. Objektive Steuerpflicht.[1])

A. Allgemeine Grundsätze.

§ 5. Die Steuerpflicht beginnt mit einem Einkommen von mehr als 900 Mark.[2])

[1]) Die objektive Steuerpflicht betrifft die der Personen mit Rücksicht auf den, die Steuer begründenden Gegenstand.

[2]) Die Einkommen bis zu 900 M. sind seit dem Gesetze vom 26. März 1883 steuerfrei.

§ 6. Von der Besteuerung sind ausgeschlossen:

1. das Einkommen aus den in anderen Deutschen Bundesstaaten oder in einem Deutschen Schutzgebiete[1]) belegenen Grundstücken, den daselbst betriebenen Gewerben, sowie aus Besoldungen, Pensionen und Wartegeldern, welche Deutsche Militärpersonen und Zivilbeamte, sowie deren Hinterbliebene aus der Kasse eines anderen Bundesstaates beziehen (§ 4 des Gesetzes vom 13. Mai 1870, B. G. B. S. 119);
2. das Einkommen der nach § 1 Nr. 3 steuerpflichtigen Ausländer[2]) aus ausländischem Grundbesitz oder Gewerbebetrieb, sofern dieselben nicht des Erwerbes wegen in Preußen einen Wohnsitz haben oder sich daselbst aufhalten;
3. das Militäreinkommen[3]) der Personen des Unteroffizier- und Gemeinenstandes, sowie während der Zugehörigkeit zu einem in der Kriegsformation befindlichen Theile des Heeres oder der Marine das Militäreinkommen aller Angehörigen des

aktiven Heeres und der aktiven Marine;

4. der das persönliche pensionsberechtigende Gehalt übersteigende Theil [4]) des dienstlichen Einkommens derjenigen Staats- und Reichsbeamten und Offiziere, welche ihren dienstlichen Wohnsitz im Auslande haben. Sofern dieselben im Auslande zu entsprechenden direkten Staatssteuern herangezogen werden, bleibt auch das persönliche pensionsberechtigende Gehalt frei;

5. die auf Grund gesetzlicher Vorschrift den Kriegsinvaliden [5]) gewährten Pensionserhöhungen und Verstümmelungszulagen, sowie die mit Kriegsdekorationen verbundenen Ehrensolde.

[1]) Auch hier sind die Worte „oder in einem Deutschen Schutzgebiete" von dem Abgeordnetenhause zugesetzt.

[2]) Die Nr. 2 ist auf Beschluß des Abgeordnetenhauses eingeschoben, um nicht die Ausländer von dem Aufenthalte in Preußen, namentlich die Engländer vom Aufenthalte am Rhein abzuschrecken.

[3]) Dies entspricht dem Gesetze vom 1. Mai 1851 und 25. Mai 1873; das Privateinkommen unterliegt dagegen der Steuer.

[4]) Die Vorlage hatte das ganze Diensteinkommen dieser Beamten, welche nur knapp besoldet seien und von den Staatseinrichtungen nur wenig Vortheil hätten, steuerfrei gelassen; das Abgeordnetenhaus beschloß jedoch, zur Gleichstellung mit den Beamten im Inlande nur den für den höheren Aufwand bestimmten Theil des Diensteinkommens frei zu lassen und das ganze Gehalt nur für den Fall von der Steuer zu befreien, daß die Beamten im Auslande zu direkten Staatssteuern herangezogen werden.

[5]) Auch diese Bestimmung beruht auf einem Beschlusse des Abgeordnetenhauses.

§ 7. Als Einkommen gelten die gesammten Jahreseinkünfte [1]) der Steuerpflichtigen in Geld und Geldeswerth aus:

1. Kapitalvermögen,
2. Grundvermögen, Pachtungen und Miethen, einschließlich des Miethswerthes der Wohnung im eigenen Hause,
3. Handel und Gewerbe einschließlich des Bergbaues,

4. Gewinn bringender Beschäftigung, sowie aus Rechten auf periodische Hebungen und Vortheile irgend welcher Art, soweit diese Einkünfte nicht schon unter Nr. 1 bis 3 begriffen sind.

[1]) Das Gesetz bestimmt das Einkommen nach seinen Quellen möglichst genau und rechnet Pachtungen nicht dem Gewerbe, sondern dem Grundvermögen, den Bergbau aber nicht dem Grundvermögen, sondern dem Gewerbe zu.

§ 8. Außerordentliche Einnahmen [1]) aus Erbschaften, Schenkungen, Lebensversicherungen, aus dem nicht gewerbsmäßig oder zu Spekulationszwecken [2]) unternommenen Verkauf von Grundstücken und ähnliche Erwerbungen gelten nicht als steuerpflichtiges Einkommen, sondern als Vermehrung des Stammvermögens und kommen ebenso wie Verminderungen des Stammvermögens nur insofern in Betracht, als die Erträge des Letzteren dadurch vermehrt oder vermindert werden.

[1]) Hier wird Stammvermögen von Einkommen unterschieden.

[2]) Der Antrag v. Eynern, die Worte „oder zu Spekulationszwecken" zu streichen, wurde abgelehnt. Was von Mobiliarverkäufen gilt, muß auch von Immobiliarverkäufen gelten, und was Speculation ist, weiß Jedermann auch ohne Definition. Wer beispielsweise in der Nähe von Berlin Baustellenland billig aufgekauft hat und von dem allmähligen Verkaufe desselben, aber recht gut, lebt, würde, wie der Generalsteuerdirektor Burghart treffend bemerkte, zur untersten Klassensteuerstufe veranlagt werden müssen, obwohl er Millionen besitzt, wenn nicht solche Erwerbungen als Einkommen behandelt werden.

§ 9. I. Von dem Einkommen (§ 7) sind in Abzug zu bringen:

1. die zur Erwerbung, Sicherung und Erhaltung des Einkommens verwendeten Ausgaben, einschließlich [1]) auch der unter den Kommunalabgaben begriffenen Deichlasten;

2) die von den Steuerpflichtigen zu zahlenden Schuldenzinsen [2]) und Renten, soweit dieselben nicht auf

Einnahmequellen haften, welche bei der Veranlagung außer Betracht zu lassen sind (§ 6 Nr. 1 und 2).

Erstreckt sich die Besteuerung lediglich auf das im § 2 bezeichnete Einkommen, so sind nur die Zinsen solcher Schulden abzugsfähig, welche auf den inländischen Einkommensquellen haften oder für deren Erwerb aufgenommen sind;

3. die auf besonderen Rechtstiteln beruhenden dauernden [3]) Lasten:
4. die von dem Grundeigenthume, dem Bergbau [4]) und dem Gewerbebetriebe zu entrichtenden direkten Staatssteuern, [5]) sowie solche indirekte Abgaben, welche zu den Geschäftsunkosten zu rechnen sind;
5. die regelmäßigen jährlichen Absetzungen für Abnutzung von Gebäuden, Maschinen, Betriebsgeräthschaften u. s. w., soweit [6]) solche nicht bereits unter den Betriebsausgaben verrechnet sind;
6. die von den Steuerpflichtigen gesetz- oder vertragsmäßig [7]) zu entrichtenden Beiträge zu Kranken-, Unfall-, Alters- und Invalidenversicherungs-, Wittwen-, Waisen- und Pensionskassen;
7. Versicherungsprämien, [8]) welche für Versicherung des Steuerpflichtigen auf den Todes- oder Lebensfall gezahlt werden, soweit dieselben den Betrag von 600 Mark jährlich nicht übersteigen.

II. Nicht abzugsfähig sind dagegen insbesondere:

1. Verwendungen [9]) zur Verbesserung und Vermehrung des Vermögens, zu Geschäftserweiterungen, Kapitalanlagen oder Kapitalabtragungen, welche nicht lediglich als durch eine gute Wirthschaft gebotene und aus den Betriebseinnahmen zn deckende Ausgaben anzusehen sind;
2. die zur Bestreitung des Haushalts [10]) der Steuerpflichtigen und zum Unterhalte ihrer Angehörigen gemachten Ausgaben, einschließlich des Geldwerthes der zu diesen Zwecken verbrauchten Erzeugnisse und

Waaren des eigenen landwirthschaftlichen oder gewerblichen Betriebes.

[1]) Der, die Deichlasten betreffende Zusatz ist, unter Zustimmung der Staatsregierung, von dem Abgeordnetenhause beschlossen.

[2]) Ob mit den Hypothekenzinsen auch die in denselben enthaltene Amortisationsquoten abgezogen werden dürfen, hängt von dem Inhalte der Statuten ab und läßt sich allgemein nicht entscheiden.

[3]) Auch die Frage, was „dauernde" Lasten sind, kann nur für jeden einzelnen Fall beantwortet werden.

[4]) Die Worte „dem Bergbau" hat das Abgeordnetenhaus, in Uebereinstimmung mit der Staatsregierung zugesetzt.

[5]) Die Kommission und in der 1. Lesung auch das Abgeordnetenhaus beschloß, auch die direkten Kommunalsteuern als abzugsfähig zu erklären, hob diesen Beschluß aber demnächst auf, weil hierdurch ein Ausfall von 6 Millionen Mark entstanden sein und dieser Abzug zu ungleichartig auf die verschiedenen Gemeinden wirken würde.

[6]) Dieser Zusatz wurde nach langer Debatte vom Abgeordnetenhause beschlossen, nachdem die Staatsregierung ihm als indifferent zugestimmt hatte.

[7]) Die Worte „gesetz- oder vertragsmäßig" hinzu zu fügen, beschloß das Abgeordnetenhaus auf den Antrag Richter.

[8]) Nr. 7 des § 9 fügte das Abgeordnetenhaus auf den Antrag Rickert-Lückhoff hinzu.

[9]) Eine Anfrage, ob die Aufforstungskosten für eine Fläche Oedland abzugsfähig sind, beantwortete der Finanzminister bejahend.

[10]) Diese Ausnahme ist selbstverständlich, aber hinzugefügt, um Mißverständnisse zu beseitigen, welche namentlich bei vielen Gutsbesitzern bestehen.

§ 10. Feststehende [1]) Einnahmen sind nach ihrem Betrage für das Steuerjahr, ihrem Betrage nach unbestimmte oder schwankende Einnahmen, sowie das steuerpflichtige Einkommen der Aktiengesellschaften u. s. w. (§ 16), nach dem Durchschnitte der drei [2]), der Veranlagung unmittelbar vorangegangenen Jahre, [3]) jedoch bei der nach diesem Gesetze stattfindenden erstmaligen Veranlagung nach dem Durchschnitte zweier [4]) Jahre zu berechnen.

Wenn Einnahmen der letztgedachten Art noch nicht so lange bestehen, so sind sie nach dem Durchschnitte des Zeitraumes ihres Bestehens, nöthigenfalls nach dem muthmaßlichen Jahresertrage in Ansatz zu bringen.

Die gleichen Grundsätze gelten für die Berechnung der abzugsfähigen Ausgaben.

[1]) Der Ausdruck „feststehende Einnahmen" soll in der Praxis möglichst einschränkend interpretirt werden.

[2]) Der 3jährige, nicht wie bisher der 1jährige, Durchschnitt gilt auch für Einkommen aus Kapitalvermögen, weil größere Schwankungen weder im Interesse des Staates noch der Steuerpflichtigen liegen.

[3]) Hierunter ist das letzte Jahr zu verstehen, dessen Ergebnisse zur Zeit der Veranlagung feststehen.

[4]) Ein Antrag, auch hier die 2jährige Frist gelten zu lassen, wurde abgelehnt, weil für die 1. Veranlagung Denjenigen, welche bisher nicht Buch geführt haben, die Steuererklärung auch durch Abkürzung des derselben zu Grunde zu legenden Zeitraums erleichtert werden soll. Bei Berechnung des Durchschnittseinkommens aus Handel und Gewerbe können Verlustjahre mit Null eingesetzt werden.

§ 11. Behufs der Steuerveranlagung ist dem Einkommen des Haushaltungsvorstandes [1]) das Einkommen der Angehörigen der Haushaltung zuzurechnen.

Personen, welche mit Gehalt oder Lohn zu Dienstleistungen angenommen sind, sowie Kostgänger, Untermiether und Schlafstellenmiether werden nicht zu den Angehörigen einer Haushaltung gezählt.

Selbstständig zu veranlagen sind:

1. Ehefrauen, [2]) wenn sie dauernd [3]) von dem Ehemanne getrennt leben;
2. Kinder und andere Angehörige der Haushaltung, wenn sie ein der Verfügung des Haushaltungsvorstandes nicht unterliegendes Einkommen aus eigenem Erwerb [4]) — mit Ausschluß der Beihilfe in dem Geschäft des Haushaltungsvorstandes — oder aus anderen Quellen beziehen.

Auf die lediglich nach § 2 dieses Gesetzes zu veranlagenden Steuerpflichtigen finden vorstehende Bestimmungen keine Anwendung.

[1]) Der Zuschuß, welchen der Vater auf Grund rechtlicher Verpflichtung einem Kinde giebt, macht dies steuerpflichtig und wird von des Vaters Einkommen abgezogen; bei einem freiwillig gegebenen Zuschusse tritt weder das Eine noch das Andere ein.

[2]) Bisher geschah dies erst, wenn die Ehe geschieden oder der Ehemann verschollen war; der Fiskus hatte also das Nachsehen, wenn der Ehemann unvermögend war, oder dieser mußte Einkünfte der Frau versteuern, welche er nicht mehr bezog. Solche Unbilligkeiten hat das neue Gesetz beseitigt.

[3]) Wie lange die Trennung dauert, ist gleichgiltig.

[4]) Bisher hatte der Vater das eigene Einkommen des Kindes zu versteuern, auch wenn es ihm nicht zufloß; dies fällt jetzt fort, und das Kind darf nur veranlagt werden, wenn sein eigenes Einkommen mehr als 900 M. beträgt.

B. Besondere Vorschriften.

a. Einkommen aus Kapitalvermögen.

§ 12. Als Einkommen aus Kapitalvermögen gelten: Zinsen, Renten und geldwerthe Vortheile aus Kapitalforderungen jeder Art, soweit solche Bezüge nicht bei Landwirthschaft-, Handel- und Gewerbetreibenden Behufs Ausmittelung des steuerpflichtigen Einkommens aus Grundvermögen, Pachtungen, Handel oder Gewerbe (§§ 13, 14) als Theile des Geschäftsertrages in Rechnung zu bringen sind.

Mit dieser Maßgabe gelten als Einkommen aus Kapitalvermögen insbesondere:

a) Zinsen aus Anleihen [1]) und sonstigen verzinslichen Kapitalforderungen sowie aus verzinslich gewordenen Zins- und anderen Ausständen;

b) Dividenden und Zinsen, Ausbeuten und sonstige Gewinnantheile von Aktiengesellschaften, Kommanditgesellschaften auf Aktien, Gewerkschaften, Erwerbs- und Wirtschaftsgenossenschaften, und von einer stillen Gesellschaft (Art. 250 folg. des Handelsgesetzbuchs);

c) Zinsen, welche in unverzinslichen Kapitalforderungen, bei denen ein höheres als das ursprünglich gegebene Kapital zurückgewährt wird, einbegriffen sind;

d) vereinnahmte Gewinne aus der zu Spekulationszwecken [2]) unternommenen Veräußerung von Werthpapieren, Forderungen, Renten u. s. w., abzüglich [3]) etwaiger Verluste bei derartigen Geschäften.

[1]) Wer beispielsweise New-Yorker Stadtanleihe mit 6 % verzinslich und al pari rückzahlbar, für 120 gekauft hat, darf keinen Theil der Zinsen auf den bei der Rückzahlung eintretenden Kapitalverlust abrechnen.

[2]) Diese Bestimmung entspricht der im § 8 für den Fall von Grundstücksverkäufen getroffenen.

[3]) Dieser Zusatz ist vom Abgeordnetenhause beschlossen, nachdem der Kommissar ihn für selbstverständlich erklärt hatte.

b) Einkommen aus Grundvermögen.

§ 13. Das Einkommen aus Grundvermögen umfaßt die Erträge sämmtlicher Grundstücke, welche dem Steuerpflichtigen eigenthümlich gehören, oder aus denen ihm in Folge von Berechtigungen irgend welcher Art ein Einkommen zufließt.

Von Grundstücken, welche verpachtet oder vermiethet sind, ist der Pacht- oder Miethszins, einerseits unter Hinzurechnung der dem Pächter bezw. Miether obliegenden Natural- und sonstigen Nebenleistungen sowie der dem Verpächter bezw. Vermiether vorbehaltenen Nutzungen, andererseits unter Abrechnung der dem Letzteren verbliebenen abzugsfähigen Lasten, als Einkommen zu berechnen.

Für nicht vermiethete, sondern von dem Eigenthümer bezw. Nutznießer selbst bewohnte oder sonst benutzte [1]) Gebäude ist das Einkommen nach dem Miethswerthe zu bemessen; außer Ansatz bleibt der Miethswerth solcher von dem Eigenthümer bezw. Nutznießer zu seinem landwirthschaftlichen oder gewerblichen Betriebe benutzten Gebäude oder Gebäudetheile, deren Nutzungswerth in dem Einkommen aus Landwirthschafts- oder Gewerbebetrieb enthalten ist.

Bei Schätzung des Einkommens aus nicht verpachteten Besitzungen ist der durch die eigene Bewirthschaftung erzielte Reinertrag zu Grunde zu legen. Die Veranlagung solcher Betriebe, bei welchen die Erträgnisse der Substanz des Bodens entnommen werden, sowie die Veranlagung ländlicher Fabrikationszweige erfolgen nach den Grundsätzen des § 14, soweit diese Betriebe und Fabrikationszweige nicht bei der Ertragsermittelung des Hauptbetriebes, zu welchem sie gehören, berücksichtigt werden.[2])

Der Gewinn beim pachtweisen Betriebe der Landwirthschaft ist in gleicher Weise zu veranschlagen, wie beim Betriebe aus eigenen Grundstücken, unter Hinzurechnung des Miethswerths der mitverpachteten Wohnung.

Der Pachtzins einschließlich des Werths der etwa dem Pächter obliegenden Natural- und sonstigen Nebenleistungen ist davon in Abzug zu bringen.

[1]) Dies ist bestehendes Recht.

[2]) Es kommt also darauf an, ob der Grund und Boden für den Hauptgewerbebetrieb bestimmt, oder ob der Gewerbebetrieb nur Akzessorium des Grund und Bodens ist.

c) Einkommen aus Handel und Gewerbe, einschließlich des Bergbaues.

§ 14. Das Einkommen aus Handel und Gewerbe einschließlich des Bergbaues besteht in dem in Gemäßheit der allgemeinen Grundsätze (§§ 6—11) ermittelten Geschäftsgewinne. Mit dieser Maßgabe ist der Reingewinn aus dem Handel und Gewerbebetriebe nach den Grundsätzen zu berechnen, wie solche für die Inventur und Bilanz durch das Allgemeine Deutsche Handelsgesetzbuch vorgeschrieben sind und sonst dem Gebrauche eines ordentlichen Kaufmannes entsprechen. Insbesondere gilt dieses einerseits von dem Zuwachs des Anlagekapitals und andererseits von den regelmäßigen jährlichen Abschreibungen, welche einer angemessenen Berücksichtigung der Werthverminderung entsprechen.[1])

Im Uebrigen gilt für die Berechnung und Schätzung des Einkommens aus Gewerbe und Handel Folgendes:

1. Die Zinsen des im Handels- oder Gewerbebetrieb angelegten eigenen Kapitals des Steuerpflichtigen sind als Theile des Geschäftsgewinnes zu betrachten.
2. Der von einer nicht nach § 1 Nr. 4 und 5 steuerpflichtigen Erwerbsgesellschaft erzielte Geschäftsgewinn ist den einzelnen Theilhabern nach Maßgabe ihres Antheils anzurechnen.
3. Der Gewinn aus den zu Spekulationszwecken [2]) abgeschlossenen Geschäften, abzüglich etwaiger Verluste bei derartigen Geschäften, und aus der Betheiligung an derartigen Geschäften ist auch bei solchen Steuerpflichtigen, welche nicht zu den Handel- und Gewerbetreibenden gehören, nach den für das Einkommen aus Handel und Gewerbe maßgebenden Grundsätzen zu berechnen.

[1]) Die beiden letzten Sätze des ersten Absatzes sind von dem Abgeordnetenhause hinzugefügt. Der Art. 31 d. Allg. Deutsch. Handelsges. bestimmt für den Einzelkaufmann: „Bei Aufnahme der Inventur und Bilanz sind sämmtliche Vermögensstücke und Forderungen nach dem Werthe anzusetzen, welcher ihnen zur Zeit der Aufnahme beizulegen ist" und der Art. 185a a. a. O. verordnet für Aktiengesellschaften und Kommanditgesellschaften auf Aktien: „Werthpapiere und Waaren, welche einen Börsen- oder Marktpreis haben, dürfen höchstens zu dem Börsen- oder Marktpreise zur Zeit der Bilanzaufstellung, sofern dieser jedoch die Anschaffungs- oder Herstellungspreis übersteigt, höchstens zu letzteren angesetzt werden. Ein Antrag Broemel-Goldschmidt, dem Kaufmann zu gestatten, ob er für die Steuerbehörde die Bilanz nach Art. 31 oder nach Art. 185a aufstellen wollte, wurde abgelehnt. Der Betrag des Delcredereconto, welches nur eine andere Art der Abschreibung ist, kann abgesetzt werden.

[2]) Auch für den Fall des § 8 kommen etwaige Verluste in Abzug.

d. Einkommen aus Gewinn bringender Beschäftigung und aus Rechten auf periodische Hebungen u. s. w.

§ 15. Das Einkommen aus Gewinn bringender Beschäftigung, sowie aus Rechten auf periodische Hebungen und Vortheile irgend welcher Art umfaßt insbesondere den Verdienst der Arbeiter, Dienstboten und Gewerbegehilfen, die Besoldung der Militärpersonen und Beamten jeder Art, ferner den Gewinn aus schriftstellerischer, künstlerischer, wissenschaftlicher, unterrichtender oder erziehender Thätigkeit, sowie Wartegelder, Pensionen oder sonstige fortlaufende Einnahmen, welche nicht als Jahresrenten eines beweglichen oder unbeweglichen Vermögens anzusehen sind, endlich solche Rentenbezüge, welche an die Person des Empfangsberechtigten geknüpft sind.

Das Einkommen aus Dienstwohnungen ist nach dem ortsüblichen Miethswerthe,[1]) jedoch nicht höher als mit Fünfzehn vom Hundert des baaren Gehalts des Berechtigten[2]) in Ansatz zu bringen. Soweit Dienstwohnungen vermiethet sind, ist der Miethszins nach Maßgabe der Bestimmungen im § 13 Abs. 2 anzurechnen.

Bei Militärpersonen, Reichsbeamten, unmittelbaren und mittelbaren Staatsbeamten, Geistlichen und Lehrern an öffentlichen Unterrichtsanstalten ist der zur Bestreitung des Dienstaufwandes[3]) bestimmte Theil des Diensteinkommens außer Ansatz zu lassen.

[1]) Dies entspricht dem G. v. 1. 5. 51 und 25. 5. 73.
[2]) Diese Bestimmung stützt sich auf das G. v. 31. 5. 81.
[3]) Vergl. Min. Anw. v. 3. 1. 77. Analoge Anwendung auf Privatbeamte ist zulässig.

e. Einkommen der Aktiengesellschaften ꝛc.

§ 16. Als steuerpflichtiges Einkommen der im § 1 Nr. 4 und 5 bezeichneten Steuerpflichtigen gelten unbeschadet der Vorschrift im § 6 Nr. 1 die Ueberschüsse, welche als Aktienzinsen oder Dividenden, gleichviel unter welcher Benennung, unter die Mitglieder vertheilt werden, und zwar

unter Hinzurechnung der zur Tilgung der Schulden oder des Grundkapitals, zur Verbesserung oder Geschäftserweiterung, sowie zur Bildung von Reservefonds — soweit solche nicht bei den Versicherungssummen bestimmt sind — verwendeten Beträge, jedoch nach Abzug von 3½ Prozent des eingezahlten Aktienkapitals.[1]) An Stelle des letzteren tritt bei eingetragenen Genossenschaften die Summe der eingezahlten Geschäftsantheile der Mitglieder, bei Berggewerkschaften das aus dem Erwerbspreise und den Kosten der Anlage und Einrichtung bezw. Erweiterung des Bergwerks sich zusammensetzende Grundkapital oder, soweit diese Kosten vor dem 1. April 1892 aufgewendet sind, nach Wahl der Pflichtigen der zwanzigfache Betrag der im Durchschnitt der letzten vier Jahre vor dem Inkrafttreten dieses Gesetzes vertheilten Ausbeute.[2])

Im Falle des § 2b gilt als steuerpflichtiges Einkommen derjenige Theil der vorbezeichneten Ueberschüsse, welcher auf den Geschäftsbetrieb in Preußen bezw. auf das Einkommen aus Preußischem Grundbesitz entfällt.

Der Kommunalbesteuerung ist das ermittelte Einkommen ohne den Abzug von 3½ Prozent zu Grunde zu legen.[3])

[1]) Der § 16 ist auf Beschluß des Abgeordnetenhauses aus § 9 Nr. 3 der Vorlage hierher übertragen, unter Erhöhung des Prozentsatzes auf 3½.

[2]) Dieser Satz beruht auf einer Fassung des Abgeordnetenhauses, welcher der Finanzminister zustimmte.

[3]) Der § 16 der Vorlage enthielt folgende, der Min. Anw. v. 3. 1. 77 entnommene Bestimmung: „Wenn das Einkommen eines Steuerpflichtigen nicht mit genügender Sicherheit festzustellen ist, aber, so weit es bekannt geworden, hinter dem jährlichen Aufwande desselben für sich und seine Familie zurückbleibt, so kann das steuerpflichtige Einkommen in Höhe dieses Aufwandes, unter Abrechnung der von der Besteuerung ausgeschlossenen Bezüge, bemessen werden."

Die Kommission beschloß, diese Bestimmung zu streichen, erklärte sich aber damit einverstanden, daß sie in die zu erlassende Min. Anw. aufgenommen würde.

II. Steuersätze.

1. Steuertarif.

§ 17. Die Einkommensteuer beträgt jährlich bei einem Einkommen[1])

von mehr als: M.	bis einschließlich M.	M.
900	1 050	6
1 050	1 200	9
1 200	1 350	12
1 350	1 500	16
1 500	1 650	21
1 650	1 800	26
1 800	2 100	31
2 100	2 400	36
2 400	2 700	44
2 700	3 000	52
3 000	3 300	60
3 300	3 600	70
3 600	3 900	80
3 900	4 200	92
4 200	4 500	104
4 500	5 000	118
5 000	5 500	132
5 500	5 000	146
6 000	6 500	160
6 500	7 000	176
7 000	7 500	192
7 500	8 000	212
8 000	8 500	232
8 500	9 000	252
9 000	9 500	276
9 500	10 500	300

Sie steigt bei höheren Einkommen

von mehr als M.	bis einschließlich M.	in Stufen von M.	um je M.
10 500	30 500	1 000	30
30 500	32 000	1 500	60
32 000	78 000	2 000	80
78 000	100 000	2 000	100

Bei Einkommen von mehr als 100 000 M.[2]) bis einschließlich 105 000 M. beträgt die Steuer 4 000 M. und steigt bei höheren Einkommen in Stufen von 5 000 M. um je 200 M.

[1]) Für die Besteuerung nach Stufen wurde geltend gemacht, daß sie die Steuererklärungen erleichtere und die Berufungen vermindere. Der Steuersatz steigt von 0.62 pCt. in der 1. Stufe auf 3 pCt. in der 21. Stufe, welche ein Einkommen von über 9500—10 500 M. voraussetzt. Das Abgeordnetenhaus beschloß, um die Mitteleinkommen von 2400—9500 M. zu entlasten, eine Ermäßigung der Steuersätze, deren Gesammtbetrag auf mehr als 2½ Millonen Mark veranschlagt ist. Weitergehende Anträge auf Entlastung des mittleren Einkommens, namentlich der am weitesten gehende Antrag Richter, welcher eine Entlastung von 10½ Millionen Mark zur Folge gehabt hätte, wurden abgelehnt.

[2]) Dagegen beschloß das Abgeordnetenhaus mit großer Mehrheit, Einkommen von mehr als 29 500 M. bis zu 100 000 M. in steigender Progression mit 3—3.94 pCt. und Einkommen von mehr als 100 000 M. mit 4 pCt. zu besteuern; die daraus folgende Mehreinnahme wurde auf 2 400 000 M. veranschlagt.

2. Ermäßigung der Steuersätze.

§ 18. Für jedes, nicht nach § 11 selbstständig zu veranlagende Familienglied unter 14 Jahren wird von dem steuerpflichtigen Einkommen des Haushaltungsvorstandes, sofern dasselbe den Betrag von 3 000 M. nicht übersteigt, der Betrag von 50 M.[1]) in Abzug gebracht, mit der Maßgabe,[2]) daß bei Vorhandensein von drei oder mehr Familienmitgliedern dieser Art auf jeden Fall eine Ermäßigung um eine Stufe stattfindet.

[1]) Bei einem Einkommen von 1000 M. genügen also 2, bei einem Einkommen von 1100 M. 4 Kinder, um den Vater einkommensteuerfrei zu machen.
[2]) Dieser Zusatz ist von dem Abgeordnetenhause beschlossen, da sonst beim Vorhandensein von 5 solchen Kindern noch keine Steuerermäßigung eintreten würde.

§ 19. Bei der Veranlagung ist es gestattet,[1]) besondere, die Leistungsfähigkeit der Steuerpflichtigen wesentlich beeinträchtigende wirthschaftliche Verhältnisse in der Art zu berücksichtigen, daß bei einem steuerpflichtigen Einkommen von nicht mehr als 9500 M. eine Ermäßigung der im § 17 vorgeschriebenen Steuersätze um höchstens drei Stufen[2]) gewährt wird.

1) Es ist nur gestattet, die Kommission aber nicht verpflichtet, eine solche Ermäßigung in jedem Falle eintreten zu lassen.
[2]) Bisher war nur Ermäßigung um eine Stufe gestattet.

III. Veranlagung.

1. Ort der Veranlagung.

§ 20. Die Veranlagung erfolgt in der Regel an dem Orte, wo der Steuerpflichtige zur Zeit der Aufnahme des Personenstandes (§ 21) seinen Wohnsitz oder in Ermangelung eines solchen seinen Aufenthalt hat.

Im Falle eines mehrfachen Wohnsitzes steht dem Steuerpflichtigen die Wahl des Ortes der Veranlagung zu. Hat er von diesem Wahlrecht keinen Gebrauch gemacht, und ist die Veranlagung an mehreren Orten erfolgt, so gilt nur die Veranlagung an demjenigen Orte, an welchem die Einschätzung zu dem höchsten Steuerbetrage[1]) stattgefunden hat.

Preußische Staatsangehörige, welche im Inlande weder Wohnsitz noch Aufenthalt haben, sind an dem letzten Orte ihres Wohnsitzes oder Aufenthaltes in Preußen zu veranlagen.

Die Veranlagung der im § 1 Nr. 4 und 5 bezeichneten Gesellschaften und Genossenschaften erfolgt an dem Orte, wo dieselben in Preußen ihren Sitz haben.

Die Veranlagung der im § 2 bezeichneten Steuerpflichtigen geschieht an dem Orte, wo der Grundbesitz bezw. die gewerbliche oder Handelsanlage oder die Betriebsstätte liegt, oder der bei der Steuerverwaltung etwa bestellte Vertreter[2]) seinen Wohnsitz hat, oder wo sich der Sitz der Kasse befindet, von welcher die Besoldungen, Pensionen oder Wartegelder ausgezahlt werden.

Die bezüglich des Veranlagungsortes weiter erforderlichen Anordnungen erläßt der Finanzminister.

[1]) Diese, etwas fiskalische Bestimmung, welche übrigens schon jetzt gilt, wird zur Folge haben, daß der Besteuerte sein Wahlrecht ausübt.

[2]) Diese Zusätze sind, der Gewerbeordnung entsprechend, von dem Abgeordnetenhause beschlossen.

2. Vorbereitung der Veranlagung.

§ 21. Vor Beginn des Veranlagungsgeschäftes hat jeder Gemeinde-(Guts-)vorstand eine vollständige Nachweisung aller in dem Gemeinde-(Guts-)bezirke vorhandenen, in diesem Gesetze als steuerpflichtig bezeichneten Personen, Gesellschaften und Genossenschaften, sowie der nach § 2 die Steuerpflicht bedingenden Grundbesitzungen und gewerblichen Unternehmungen aufzunehmen.[1])

[1]) Diese Bestimmung entspricht dem G. v. 1. 5. 51 und v. 25. 5. 73, sowie der Instruktion v. 29. 5. 73.

§ 22. Jeder Besitzer eines bewohnten Grundstückes, oder dessen Vertreter ist verpflichtet, der mit der Aufnahme des Personenstandes betrauten Behörde die auf dem Grundstücke vorhandenen Personen mit Namen, Berufs- oder Erwerbsart anzugeben.

Die Haushaltungsvorstände haben den Hausbesitzern oder deren Vertretern die erforderliche Auskunft über die zu ihrem Hausstande gehörigen Personen einschließlich der Unter- und Schlafstellenmiether zu ertheilen.[1])

[1]) Auch dieser § enthält bestehendes Recht.

§ 23. Jeder Gemeinde-(Guts-)vorstand hat über die Besitz-, Vermögens- und sonstigen Einkommensverhältnisse der Steuerpflichtigen des Gemeinde-(Guts-)bezirkes, sowie über etwaige besondere, die Leistungsfähigkeit derselben bedingende wirthschaftliche Verhältnisse (§§ 18, 19) möglichst vollständige Nachrichten einzuziehen, überhaupt alle Merkmale, welche ein Urtheil über die Besteuerung zu begründen vermögen, zu sammeln.

Auf Grund der von ihm angestellten Ermittelungen hat der Gemeinde-(Guts-)vorstand das muthmaßliche Einkommen der Steuerpflichtigen, getrennt nach den verschiedenen Einnahmequellen (§ 7), in eine Einkommensnachweisung einzutragen.

Die auf den Gemeinde-(Guts-)vorstand selbst bezüglichen Eintragungen sind von den Seitens der Regierungen hierfür bestimmten Personen zu bewirken.[1])

[1]) Diese Vorschriften sind gleichfalls dem G. v. 1. 5. 51 und v. 25. 5. 73, sowie der Instruktion v. 29. 5. 73 entnommen.

3. Steuererklärungen.[1])

§ 24. Jeder bereits mit einem Einkommen von mehr als 3000 M.[2]) zur Einkommensteuer veranlagte Steuerpflichtige ist auf die jährlich durch öffentliche Bekanntmachung[3]) ergehende Aufforderung zur Abgabe einer Steuererklärung verpflichtet. Letztere ist innerhalb der auf mindestens 14 Tage zu bemessenden Frist nach den vom Finanzminister vorgeschriebenen, kostenlos zu verabfolgenden Formularen,[4]) bei dem Vorsitzenden der Veranlagungskommission (§ 34) schriftlich oder zu Protokoll, unter der Versicherung abzugeben, daß die Angaben nach bestem Wissen und Gewissen gemacht sind.

Aktiengesellschaften, Kommanditgesellschaften auf Aktien, Berggewerkschaften und eingetragene Genossenschaften sind außerdem verpflichtet, ihre Geschäftsberichte und Jahresabschlüsse sowie die darauf bezüglichen Beschlüsse der Generalversammlungen nach den näheren Bestimmungen des Finanzministers alljährlich dem Vorsitzenden der Veranlagungskommission einzureichen.

¹) Bisher war der Kommission jedes tiefere Eindringen in die Vermögens- und Einkommensverhältnisse der einzelnen Steuerpflichtigen gradehin verboten; eine gerechte und gleichmäßige Veranlagung ist aber ohne solches Eindringen unmöglich.

²) Man hat Anstand genommen, auch die geringeren Einkommen deklarationspflichtig zu machen, wie es z. B. in Bremen, Weimar und Sachsen geschehen ist, weil man annahm, daß ein großer Theil der betreffenden Personen nicht im Stande sei, eine ordentliche Deklaration aufzustellen, die geringeren Einkommen auch ihrer Höhe nach meist bekannt seien und die Prüfung so vieler Deklarationen eine schwer zu bewältigende Arbeit zur Folge haben würde. Diese Gründe scheinen wenig stichhaltig, und die Einschränkung wird zu einer nicht berechtigten Entlastung des Einkommens bis 3000 M. führen. Es wird sich für die Zukunft empfehlen, die Deklarationspflicht auf alle Einkommen über mehr als 1500 M. auszudehnen.

³) Das Formular wird wie folgt lauten:

Oeffentliche Bekanntmachung.

Einkommensteuerveranlagung für das Steuerjahr 1892/93.

Auf Grund des § 24 des Einkommensteuergesetzes vom .... (Gesetzsamml. S. .....) wird hiermit jeder bereits mit einem Einkommen von mehr als 3000 Mark veranlagte Steuerpflichtige im Kreise (in der Stadt) .... aufgefordert, die Steuererklärung über sein Jahreseinkommen nach dem vom Finanzminister vorgeschriebenen Formular spätestens am .... dem Unterzeichneten schriftlich oder zu Protokoll unter der Versicherung abzugeben, daß die Angaben nach bestem Wissen und Gewissen gemacht sind.

Die vorgeschriebenen Formulare, denen zugleich die maßgebenden Bestimmungen beigedruckt sind, werden von heute ab (an den zu bezeichnenden Stellen) kostenlos verabfolgt.

Die Einsendung schriftlicher Erklärungen kann durch die Post erfolgen.

Protokollarische Erklärungen werden von dem Unterzeichneten .... (Amtslokal) .... (während der anzugebenden Geschäftsstunden) entgegengenommen.

Die Versäumung der obigen Frist hat gemäß § 30 des Einkommensteuergesetzes den Verlust der gesetzlichen Rechtsmittel gegen die Einschätzung für das Steuerjahr zur Folge.

Wissentlich unrichtige oder unvollständige Angaben oder wissentliche Verschweigung von Einkommen in der Steuerklärung sind im § 68 a. a. O. mit Strafe bedroht.

Der Vorsitzende der Einkommensteuerveranlagungs-Kommission.

*) Dies Formular wird folgende Fassung haben:

Veranlagungsbezirk: . . . .

Steuererklärung

zum Zwecke der Veranlagung

d . . . . (Name)
. . . . (Stand)
in . . . . (Wohnort)

zur Einkommensteuer für das Steuerjahr 18 . .

Mein steuerpflichtiges Einkommen, einschließlich des mir anzurechnenden Einkommens meiner Haushaltungsangehörigen (S. Anleitung Nr.) beträgt	nicht mehr als M.
1. **Aus Kapitalvermögen:** Zinsen, Renten, Dividenden, Gewinnantheile, Ausbeuten, geldwerthe Vortheile aus Kapitalforderungen jeder Art (S. Anleitung Nr.)	—
2. **aus Grundvermögen:** Betrieb der Land- und Forstwirthschaft auf eigenen oder fremden Grundstücken, Verpachtung, Vermiethung, anderweite Nutzung von Liegenschaften und Gebäuden, einschließlich des Miethswerths der Wohnung im eigenen Hause und des Geldwerthes der im Haushalt verbrauchten Wirthschaftserzeugnisse (S. Anleitung Nr.)	—
3. **aus Handel, Gewerbe, Bergbau** einschließlich des Geldwerths der im Haushalte verbrauchten Erzeugnisse und Waaren des eigenen Betriebes (S. Anleitung Nr.)	—
4. **aus Gewinn bringender Beschäftigung:** Gehalt, Besoldung, Remuneration, Arbeitslohn, einschließlich des Geldwerthes der Naturalbezüge, Verdienst aus schriftstellerischer, künstlerischer, wissenschaftlicher Thätigkeit, ärztlicher oder Anwaltspraxis, Wartegeld, Pension, Wittwen-, Waisengeld und sonstige fortlaufende Einnahmen, welche nicht unter Nr. 1 bis 3 begriffen sind (S. Anleitung Nr.)	—
zusammen	—

	M.	P.	nicht mehr als M.
Transport	—	—	
Hiervon sind abzuziehen:			
a) **Schuldenzinsen und Renten,** mit Ausnahme der Zinsen von Geschäftsschulden, welche bei Berechnnng des Einkommens zu 3 berücksichtigt sind (S. Anleitung Nr.) . . .	—	—	
b) Auf besonderen Rechtstiteln (z. B. Verträgen) beruhende dauernde Lasten	—	—	
c) **Staats-, Grund-, Gebäude-, Gewerbesteuer**	—	—	
Kommunalsteuern, welche vom Grundbesitz oder Gewerbetrieb zu entrichten sind	—	—	
d) **Beiträge** zu Kranken-, Unfall-, Alters- und Invalidenversicherungs-, Wittwen-, Waisen-, Pensionskassen .	—	—	
zusammen	—	—	—
Mithin beträgt das Gesammteinkommen . . .			—

In vorstehenden Angaben ist . . .	unter Nr.	mit M.
das Einkommen eingerechnet, welches aus dem außerhalb des obenbezeichneten Wohnortes belegenen Grundbesitze, Gewerbebetrieb bezogen wird, nämlich aus . . .	—	—
. . . .	—	—
. . . .	—	—
. . . .	—	—

Ich versichere hiermit, die vorstehenden Angaben nach bestem Wissen und Gewissen gemacht zu haben.

. . . ., den . . ten . . . . . . 18 . .

§ 25. Andere Steuerpflichtige sind zur Abgabe einer Steuererklärung verpflichtet, sobald eine besondere Aufforderung[1]) des Vorsitzenden der Veranlagungskommission (§§ 34, 35) an sie ergeht. Sie sind, falls Letzteres nicht geschieht, auf ihr Verlangen zur Abgabe einer Steuererklärung innerhalb der im § 24 bestimmten Frist zuzulassen.

[1]) Diese Aufforderung wird nicht nur an kleine Kapitalisten, sondern auch an andere Personen zu richten sein. Freilich werden die eingehenden Deklarationen oft wenig Glauben verdienen. Ist es doch vorgekommen, daß z. B. bei Klassensteuerreklamationen ein zur 12. Stufe seit Jahren veranlagter Ackerbürger durch einen gefälligen Volksanwalt zahlenmäßig nachzuweisen suchte, sein reines Einkommen betrüge nicht einmal 420 M., oder daß ein zur klassifizirten Einkommensteuer veranlagter Bierwirth durch seine ad hoc zurechtgemachten Bücher darthun wollte, er habe nicht einmal 1200 Mark Reineinkommen, bei seiner „Buchführung" aber unbeachtet gelassen hatte, daß er mit Weib, Kind und Gesinde in seiner Restauration gegessen und getrunken. Derartige, auf Betrug berechnete Angaben werden sich auch bei den Deklarationen wiederholen, und es ist gradehin naiv zu verlangen, daß die Kommission solche Lügen als Wahrheit annehmen solle.

§ 26.

1. In der Steuererklärung ist der Gesammtbetrag[1]) des Einkommens (§ 10) getrennt nach den im § 7 vorgesehenen Einkommensquellen[2]) anzugeben.
2. Das Einkommen von dem außerhalb des Veranlagungsbezirkes belegenen Grundbesitze oder Gewerbebetriebe ist besonders[3]) aufzuführen.
3. Schuldenzinsen, Lasten u. s. w., deren Abzug beansprucht wird, sind anzugeben.[4])

[1]) Eine weitere Spezialisirung soll nicht gefordert werden.

[2]) Die Benennung nach den Einkommensquellen aber ist nothwendig, weil sonst die nothwendige Kontrole unmöglich wird.

[3]) Um dies, meist schon auswärts versteuerte Einkommen abziehen zu können.

[4]) Auch die Namen der Gläubiger sind auf Erfordern anzugeben.

§ 27. Dem Steuerpflichtigen soll auf seinen Antrag, soweit es sich um nur durch Schätzung[1]) zu ermittelndes Einkommen handelt, gestattet werden, in die Steuererklärung statt der ziffermäßigen Angabe des Einkommens diejenigen Nachweisungen aufzunehmen, deren die Veranlagungskommission zur Schätzung desselben bedarf.

[1]) Dies wird namentlich dann Anwendung finden, wenn der Antragsteller wegen mangelhafter Kenntniß eine solche Schätzung nicht selbst vornehmen kann.

§ 28. Die Aufforderungen zur Abgabe der Steuererklärung müssen den Hinweis auf die im § 30 angedrohten Rechtsnachtheile, sowie auf die Strafbestimmungen des § 66 enthalten[1]).

[1]) Verlust der Rechtsmittel, Steuerzuschlag von 25 pCt., 4—10facher Betrag der Jahressteuer, mindestens aber 100 M. Dem Deklaranten soll hierdurch von vornherein das Gewissen geschärft werden.

§ 29. Die Steuererklärungen sind für Personen, welche unter väterlicher Gewalt, Pflegschaft oder Vormundschaft stehen, sowie für die im § 1 Nr. 4 und 5 bezeichneten Steuerpflichtigen[1]) von deren Vertretern, für Ehefrauen, sofern sie nicht selbstständig veranlagt sind, von deren Ehemännern abzugeben.

Für Personen, welche abwesend oder sonst verhindert sind, die Steuererklärungen selbst abzugeben, können solche durch Bevollmächtigte erfolgen.

Die Erfüllung der Steuererklärungspflicht Seitens Eines von mehreren Vertretern befreit die übrigen Verpflichteten von ihrer Verbindlichkeit.

[1]) Die dort bezeichneten juristischen Personen.

§ 30. Wer die ihm obliegende Steuererklärung nicht innerhalb der vorgeschriebenen Frist abgiebt, verliert die gesetzlichen Rechtsmittel[1]) gegen seine Einschätzung für das betreffende Steuerjahr, insofern nicht Umstände dargethan werden, welche die Versäumniß entschuldbar machen.

Wer die Steuererklärung, zu deren Einreichung er gesetzlich verpflichtet ist, nicht längstens innerhalb 4 Wochen nach einer nochmaligen an ihn zu richtenden besonderen Aufforderung, welche auch nach geschehener Veranlagung ergehen kann, abgiebt, hat neben der veranlagten Steuer einen Zuschlag von 25 Prozent[2]) zu derselben zu zahlen und außerdem die durch seine Unterlassung dem Staate entzogene Steuer zu entrichten.

Die Festsetzung[3]) des mit der veranlagten Steuer zu entrichtenden Zuschlages von 25 Prozent steht der Regierung zu, gegen deren Entscheidung nur die Beschwerde an den Finanzminister zulässig ist.[4])

[1]) Wer geflissentlich nicht deklarirt, begründet dadurch den Verdacht, daß er sein Einkommen verheimlichen will, und die Kommission darf ihn dann zu dem, nach ihrem gewissenhaften Ermessen größtmöglichsten Einkommen veranlagen; nur darf sie dabei nicht so blöde sein, wie jene Kommission im Königreich Sachsen, welche einen deklarationsunlustigen Censiten, der früher von 50 000 Mark Einkommen eingeschätzt war, von 100 000 M., im folgenden Jahre von 150 000 M., im nächsten Jahre von 200 000 M. veranlagte und es nun erst erreichte, daß der Censit sein Einkommen auf 180 000 M. angab.

[2]) Der Verlust der Rechtsmittel ist, wenn die Kommission ihre Pflicht thut, so wirksam, daß es des von dem Abgeordnetenhause mit 183 gegen 134 beschlossenen Strafzuschlages von 25 pCt., der ohne Noth den Eindruck gehässiger Fiskalität macht, nicht bedürft hätte.

[3]) Es hängt von dem pflichtmäßigen Ermessen der Kommission ab, ob sie diese Festsetzung beantragt.

[4]) Der Antrag Hammerstein, welcher die Erben eines von mehr als 3000 M. Einkommen Veranlagten zur Einreichung eines Nachlaßinventars verpflichten wollte, wodurch, bei voraussichtlicher Ablehnung der Erbschaftssteuergesetzvorlage, eine ausgezeichnete Kontrole der Deklarationen gegeben war, wurde von dem Abgeordnetenhause mit 124 gegen 192 Stimmen abgelehnt.

4. Organe, Bezirke und Verfahren der Veranlagung.

§ 31. Der Veranlagung der Steuerpflichtigen geht eine Voreinschätzung durch besondere Kommissionen [1]) voraus.

Die Voreinschätzungskommissionen bestehen aus dem Gemeindevorstande als Vorsitzenden und aus einer von der Regierung zu bestimmenden Anzahl von Mitgliedern, welche unter möglichster Berücksichtigung der verschiedenen Arten des Einkommens theils von der Regierung ernannt,[2]) theils von der Gemeindeversammlung bezw. Gemeindevertretung gewählt werden. Die Zahl der ernannten Mitglieder einschließlich des Vorsitzenden muß hinter der Zahl der gewählten Mitglieder zurückbleiben. Die Regierung kann von der Ernennung von Mitgliedern absehen.[3])

Gemeinden und selbstständige Gutsbezirke können nach Anhörung der Betheiligten im Einvernehmen mit dem Bezirksausschusse durch die Regierung und, falls ein Einvernehmen beider Behörden nicht erreicht wird, durch den Oberpräsidenten mit benachbarten Gemeinden zu einem Voreinschätzungsbezirke vereinigt werden.[4])

Wo Landgemeinden oder Gutsbezirke nach Maßgabe der Landgemeindeordnung für die sieben östlichen Provinzen zum Zwecke der gemeinsamen Wahrnehmung einzelner zu ihrem Wirkungskreise gehöriger Kommunalangelegenheiten zu besonderen Verbänden vereinigt sind oder vereinigt werden, können dieselben zu einem Voreinschätzungsbezirke verbunden werden.[5])

Für jeden solchen Bezirk (Absatz 3 und 4) wird nur eine Voreinschätzungskommission gebildet, deren Vorsitz der von der Regierung zu bestimmende Gemeinde- oder Gutsvorsteher, Bürgermeister, Amtmann oder Amtsvorsteher zu übernehmen hat.

Die Zahl der zu wählenden Mitglieder einer solchen Voreinschätzungskommission wird auf die einzelnen Gemeinden und Gutsbezirke nach Verhältniß der Einwohnerzahl mit der Maßgabe vertheilt, daß mindestens ein Mitglied auf jede Gemeinde und jeden Gutsbezirk entfällt.

Für Gutsbezirke treten die Vorsteher bezw. deren Stellvertreter oder die von ihnen zu ernennenden Einwohner des Voreinschätzungsbezirkes als Mitglieder in die Kommission ein.

[1]) Diese Bestimmungen entsprechen im Wesentlichen der bisherigen Vorschriften über Zusammensetzung der Klassensteuer-Einschätzungskommission. Die Voreinschätzungskommission soll jedoch nicht befugt sein, Deklarationen zu erfordern, und es steht zu befürchten, daß die Einschätzungen in den bisherigen Geleisen sich bewegen und die Censiten von der Hälfte des Einkommens veranlagen werden.

[2]) Den ernannten Mitgliedern (Richtern und anderen Beamten) wird gegenwärtiger sein, daß sie allgemeine Staatsinteressen, nicht aber das Interesse Einzelner zu vertreten haben, und dies Bewußtsein kann auf die gewählten Mitglieder nicht ohne Einfluß bleiben; allerdings dürfte den gewählten Mitgliedern mehr Personalkenntniß beiwohnen, als diesen ernannten.

[3]) Der letzte Satz ist von dem Abgeordnetenhause zugesetzt.

[4]) Es sollen, um eine möglichst gleichmäßige Veranlagung herbeizuführen, nicht allzu kleine Bezirke gebildet werden.

[5]) Der Antrag Bismarck, welcher diesen Absatz, der präjudiziell für die Landgemeindeordnungsvorlage schien, streichen wollte, wurde von dem Abgeordnetenhause abgelehnt.

§ 32. Die Voreinschätzungskommission[1]) unterwirft die gemäß §§ 21, 23 von dem Gemeinde- (Guts-) vorsteher anfgestellten Nachweisungen einer genauen Prüfung und trägt die für die einzelnen Steuerpflichtigen ermittelten Einkommensbeträge bis zu 3000 Mark, sowie die von ihr für diese vorzuschlagenden Steuersätze in die Nachweisungen ein.

[1]) Ein in der Kommission des Abgeordnetenhauses gestellter Antrag, dieser Kommission die Prüfung der Nachweisungen und Einkommensverhältnisse der Censiten mit einem Einkommen von mehr als 3000 M. nicht zu übertragen, wurde abgelehnt, weil grade diese Kommission mit den persönlichen Verhältnissen auch solcher Censiten vertraut ist.

§ 33. Behufs Veranlagung der Steuerpflichtigen bildet jeder Kreis[1]) einen Veranlagungsbezirk. Der Regierung steht die Befugniß zu, innerhalb desselben Kreises die Bildung mehrerer Veranlagungsbezirke anzuordnen.

[1]) Der Antrag, nach welchem Städte von mehr als 10000 Einwohnern einen eigenen Veranlagungsbezirk bilden sollten, wurde in der Kommission des Abgeordnetenhauses gestellt, aber abgelehnt, weil grade das Zusammenwirken städtischer und ländlicher Elemente wünschenswerth erscheint.

§ 34. Für jeden Veranlagungsbezirk ist unter dem Vorsitze des Landraths oder[1]) eines von der Regierung zu ernennenden Kommissars eine Veranlagungskommission zu bilden, deren Mitglieder theils von der Regierung ernannt, theils von der Kreisvertretung und in den Stadtkreisen von der Gemeindevertretung aus den Einwohnern des Veranlagungsbezirks, unter möglichster Berücksichtigung der verschiedenen Arten des Einkommens, auf die Dauer von sechs Jahren[2]) gewählt werden.

Die Zahl der ernannten und der gewählten Mitglieder wird für die einzelnen Veranlagungsbezirke mit Rücksicht auf deren Größe und auf die Einkommensverhältnisse der Einwohner von der Regierung in der Art bestimmt, daß die Zahl der ernannten Mitglieder einschließlich des Vorsitzenden die Hälfte der gewählten Mitglieder nicht überschreitet.[3])

Alle drei Jahre scheidet je die Hälfte der ernannten und der gewählten Mitglieder und zwar bei ungerader Zahl das erste Mal die größere Hälfte aus und wird durch neue Ernennungen bezw. Wahlen ersetzt. Die das erste Mal Ausscheidenden werden durch das Loos bestimmt; die Ausscheidenden können wieder ernannt bezw. gewählt werden.

[1]) Von dieser Befugniß ist bisher fast gar kein Gebrauch gemacht. Die Kommission wird durchschnittlich je 2500 Censiten zu schätzen haben, und es dürfte kaum Jemand im Ernste bezweifeln, daß dem Landrathe für die hiermit verbundene Arbeit die Zeit fehlt.

[2]) Diese Bestimmung sorgt dafür, daß die Gewählten sich die erforderliche Praxis erwerben und daß sie nicht fürchten dürfen, zur Strafe dafür, ihre Pflicht gethan zu haben, vor Ablauf von 6 Jahren abgewählt zu werden.

[3]) Nach der Vorlage sollte die Zahl der ernannten Mitglieder und des Vorsitzenden hinter der Zahl der gewählten Mitglieder zurückbleiben; nach der jetzigen, von der Kommission des Abgeordnetenhauses herrührenden Fassung müssen die Gewählten 2 Drittel der Kommission ausmachen, um der letzteren nicht einen allzu fiskalischen Anstrich zn geben.

§ 35. Der Vorsitzende [1]) der Veranlagungskommission welcher zugleich die Interessen des Staates vertritt, hat innerhalb seines Veranlagungsbezirks die Geschäftsführung der Vorsitzenden der Voreinschätzungskommissionen zu beaufsichtigen und das Veranlagungsgeschäft zu leiten. Er ist dafür verantwortlich, daß die gesammte Veranlagung in seinem Bezirke nach den bestehenden Vorschriften zur Ausführung gelangt.

Der Vorsitzende hat insbesondere die Personenstands- und Einkommensnachweisungen (§§ 21, 23) zu prüfen, die öffentlichen Bekanntmachungen wegen Abgabe der Steuererklärungen zu erlassen (§ 24) und diejenigen nicht bereits mit einem Einkommen von mehr als 3000 Mark veranlagten Steuerpflichtigen, bei welchen ein diesen Betrag übersteigendes Einkommen anzunehmen ist, zur Abgabe bezw. Erneuerung der Steuerklärung besonders aufzufordern. Die sämmtlichen eingegangenen Steuerklärungen sind von ihm zu prüfen.

Zum Zwecke der richtigen Veranlagung der Steuerpflichtigen, insbesondere Behufs Prüfung der Steuererklärungen hat der Vorsitzende über die Besitz-, Vermögens- und Einkommensverhältnisse der Steuerpflichtigen möglichst vollständige Nachrichten einzuziehen.

Hierbei kann er sich nach seinem Ermessen der Mitwirkung der Gemeinde- (Guts-)vorstände und der Verwaltungsbehörden bedienen, welche seinen Aufforderungen Folge zu leisten schuldig sind. Er ist befugt, die Voreinschätzungskommissionen zu einer besonderen Aeußerung über die Besitz-, Vermögens- und Einkommensverhältnisse einzelner Steuerpflichtiger zu veranlassen.

Der Vorsitzende kann den Steuerpflichtigen auf Antrag oder von Amtswegen Gelegenheit zur persönlichen Verhandlung über die für die Veranlagung erheblichen Thatsachen und Verhältnisse gewähren.

Sämmtliche Staats- und Kommunalbehörden haben die Einsicht aller die Einkommensverhältnisse der Steuerpflichtigen betreffenden Bücher, Akten, Urkunden u. s. w. zu gestatten und auf Ersuchen Abschriften [2]) aus denselben zu ertheilen, sofern nicht besondere gesetzliche Bestimmungen oder dienstliche Rücksichten entgegenstehen. Die Einsicht der Bücher, Akten u. s. w. der Sparkassen ist nicht gestattet.[3])

[1]) Die Obliegenheiten des Vorsitzenden sind hierdurch gegen früher erheblich erweitert.

[2]) Diese Abschriften sind auf Kosten der Kommission zu ertheilen; der Zusatz rührt vom Abgeordnetenhause her.

[3]) Auch dieser Zusatz ist, um den Spartrieb nicht zu schädigen, von dem Abgeordnetenhause beschlossen.

§ 36. Der Vorsitzende der Veranlagungskommission hat die von der Voreinschätzungskommission vorgeschlagenen Steuersätze (§ 32) zu prüfen und, soweit dieselben nicht von ihm beanstandet werden, festzusetzen.[1])

In Betreff derjenigen Steuerpflichtigen, bezüglich welcher ein Vorschlag der Voreinschätznngskommission nicht vorliegt, oder der Vorschlag von ihm beanstandet wird, hat er die Verhandlnngen der Veranlagungskommission zur Beschlußfassung vorzulegen und zu diesem Behufe das nach seinem Ermessen für jeden Steuerpflichtigen zutreffende Einkommen, getrennt nach den verschiedenen Quellen, in die Einkommensnachweisung einzutragen und den nach Vorschrift dieses Gesetzes zu entrichtenden Steuersatz vorzuschlagen.

[1]) Hierdurch ist in die Hand des Vorsitzenden eine übergroße Macht gelegt. Der Vorsitzende sollte verpflichtet sein, die von ihm nicht beanstandeten Vorschläge vorzutragen, damit die Kommission nöthigenfalls Aenderungen eintreten lassen könnte.

§ 37. Dem Vorsitzenden der Veranlagungskommission können zur Bearbeitung der Einkommensteuersachen von der Regierung Hilfsbeamte [1]) zugeordnet werden. Dieselben können an den Kommissionssitzungen als Stellvertreter des Vorsitzenden oder mit berathender Stimme theilnehmen; ihre sonstigen Rechte und Pflichten werden nach den hierüber von dem Finanzminister zu erlassenden allgemeinen Anweisungen von der Regierung festgesetzt.

[1]) Diese Hilfsbeamten können auch Subalternbeamte sein und sind dem Vorsitzenden gegenüber unselbständig.

§ 38. Die Veranlagungskommission unterwirft die eingegangenenen Steuererklärungen sowie die Personenstands- und Einkommensnachweisungen einer genauen Prüfung. Hierbei hat sie das Recht, von den nach § 35 Absatz 4, 5 und 6 dem Vorsitzenden zustehenden Hilfsmitteln auch ihrerseits Gebrauch zu machen.

Wird eine Steuerklärung durch die Veranlagungskommission oder den Vorsitzenden beanstandet, so ist dem Steuerpflichtigen hiervon unter Mittheilung der Gründe mit der Aufforderung Kenntniß zu geben, sich binnen einer Frist von zwei Wocheu,[1]) welche vom Vorsitzenden im Bedürfnißfalle auf vier Wochen verlängert werden kann, über dieselben oder bestimmte an ihn gestellte Fragen zu erklären. Unterläßt dies der Steuerpflichtige, oder werden die Bedenken gegen die Richtigkeit der Steuererklärung durch die Erläuterung oder Ergänzung Seitens desselben nicht behoben, so ist die Veranlagungskommission befugt, die Vernehmung von Zeugen und Sachverständigen und sonstige, zur Feststellung der Thatsachen erforderliche Erhebungen zu veranlassen. Die zu vernehmenden Personen dürfen die Auskunftsertheilung nur unter den Voraussetzungen ablehnen, welche nach der Civilprozeßordnung zur Ablehnung eines Zeugnisses bezw. Gutachtens berechtigen.

Bleiben trotzdem die Zweifel au der Richtigkeit der Steuerklärung bestehen, so ist die Kommission bei Schätzung des Einkommens an die Angaben des Steuerpflichtigen nicht gebunden.

Die Kommission setzt den nach ihrem Ermessen[2]) zutreffenden Steuersatz auf Grund der stattgehabten Ermittelungen fest.

[1]) Diese Frist betrug nach der Vorlage nur eine Woche; sie ist auf Beschluß des Abgeordnetenhauses verdoppelt; auch die zulässige

Verlängerung der Frist beruht auf einem Beschluß des Abgeordnetenhauses.

[2]) Ein Antrag, daß die Kommission den Steuersatz nur dann abweichend von der Steuererklärung festsetzen dürfe, wenn die angestellten Ermittelungen die Steuererklärungen als nicht richtig ergeben hätten, wurde abgelehnt. Eine ähnliche Bestimmung hat früher in Hannover zu erheblichen Steuerhinterziehungen geführt; der ehrliche Deklarant bedarf keines Schutzes und dem unehrlichen Deklaranten gradehin das Gegentheil seiner Angaben nachzuweisen, darf der Kommission nicht zugemuthet werden.

§ 39. Das Ergebniß der Veranlagung hat der Vorsitzende der Veranlagungskommission jedem Steuerpflichtigen mittelst einer, zugleich eine Belehrung über das Rechtsmittel der Berufung enthaltenden Zuschrift[1]) bekannt zu machen.

[1]) Die für den Censiten unbequeme Einsicht der ausgelegten Steuerrolle, welche bisher für die Klassensteuerpflichtigen galt, findet hiernach nicht mehr statt. Der Antrag Bruel, dem Censiten auch mitzutheilen, in wiefern und weshalb von den Angaben der Deklaration abgewichen sei, wurde vom Abgeordnetenhause abgelehnt. Solche Gründe lassen sich in formulirten Benachrichtigungsschreiben, deren Zahl in jedem Kreis 2500 betragen wird, schwer mittheilen; auch kommt in Betracht, daß die Zahl der unrichtigen Deklarationen, die 1888 in Hamburg 10 pCt. betragen hat, auch in Preußen nicht gering sein wird. Die Erörterung der Gründe, aus denen die Kommission die Deklaration für unrichtig erachtet hat, gehört in die Berufungs- und Beschwerdeinstanz.

5. Rechtsmittel.[1])

a) Berufung.

§ 40. Gegen das Ergebniß der Veranlagung steht sowohl dem Steuerpflichtigen als auch dem Vorsitzenden der Veranlagungskommission das Rechtsmittel der Berufung an die Berufungskommission zu.

Die Berufung ist Seitens des Vorsitzenden der Veranlagungskommission[2]) bei dem Vorsitzenden der Berufungskommission, Seitens der Steuerpflichtigen bei dem Vorsitzenden der Veranlagungskommission binnen einer Ausschlußfrist von 4 Wochen einzulegen, welche für den Vorsitzenden der letzteren vom Tage des angefochtenen Beschlusses, für den Steuerpflichtigen von dem auf die Zustellung der neBachrichtigung (§ 39) folgenden Tage ab läuft.

¹) Die bisher für die Klassensteuer zugelassenen Rechtsmittel der Reklamation, an die Regierung und des Rekurses an den Finanzminister sind weitläufig und beschwerlich, überdem belastet der Rekurs die oberste Verwaltungsstelle mit einer Menge von Entscheidungen, deren Grundlagen recht anfechtbar sind. Bei der klassifizirten Einkommensteuer kann die Remonstration, über welche die veranlagende Kommission selbst entscheidet, für ein praktisches Rechtsmittel nicht gelten und unter dem Ausschluß jeder materiellen Beschwerde gegen die Entscheidung der Bezirkskommission leidet die Einheitlichkeit der Besteuerung im ganzen Staatsgebiete. Diesen Uebelständen hilft das neue Gesetz ab.

²) Der Censit soll Nachricht von Einlegung dieser Berufung erhalten.

§ 41. Für jeden Regierungsbezirk wird unter dem Vorsitze eines von dem Finanzminister zu ernennenden Regierungskommissars eine Berufungskommission gebildet, deren Mitglieder theils von der Regierung ernannt, theils von dem Provinzialausschusse¹) aus den Einwohnern des Regierungsbezirks, unter möglichster Berücksichtigung der verschiedenen Arten des Einkommens, auf die Dauer von sechs Jahren gewählt werden.

Die Mitglieder der für die Haupt- und Residenzstadt Berlin zu bildenden Berufungskommission werden theils von dem Finanzminister ernannt, theils von dem Magistrat und der Stadtverordnetenversammlung in gemeinschaftlicher Sitzung unter dem Vorsitz des Bürgermeisters gewählt.

Die Zahl der Mitglieder der Berufungskommission wird für jeden Bezirk von dem Finanzminister nach Maßgabe der Vorschrift im § 34 Absatz 2 festgesetzt. Die Bestimmungen im § 34 Absatz 3 finden entsprechende Anwendung.

¹) Die Vorlage wollte die Wahl von der Provinzialvertretung vornehmen lassen, an deren Stelle das Abgeordnetenhaus den Provinzialausschuß gesetzt hat, um einen vielleicht nur dieser Wahl wegen erforderlichen Zusammentritt des Provinziallandtages zu vermeiden.

§ 42. Der Vorsitzende der Berufungskommission ist in Bezug auf die richtige Feststellung der Steuer der

Vertreter der Staatsinteressen für seinen Bezirk. Ihm liegt die obere Leitung des gesammten Veranlagungsgeschäfts im Bezirke ob. Er hat die gleichmäßige Anwendung der Veranlagungsgrundsätze zu überwachen, die Geschäftsführung der Vorsitzenden der Veranlagnngskommission zu beaufsichtigen und für die rechtzeitige Vollendung des Veranlagungsgeschäfts zu sorgen.[1])

[1]) Er ist auch befugt, die Vorsitzenden der Veranlagungskommission zu rektifiziren und ihnen Anweisung zur Einlegung der Berufung in besonderen Fällen zu ertheilen.

§ 43. Die Berufungskommission entscheidet[1]) über alle gegen das Verfahren und die Entscheidungen der Veranlagungskommission angebrachten Beschwerden und Berufungen.

Behufs Prüfung der Berufungen können die Berufungskommission und deren Vorsitzender eine genaue Feststellung der Vermögens- und Einkommensverhältnisse der Steuerpflichtigen veranlassen. Dabei sind sie befugt, von den zu diesem Zweck den Veranlagungskommissionen und deren Vorsitzenden zustehende Hilfsmitteln (§ 35 Absatz 4, 5 und 6, § 38) Gebrauch zu machen.[2])

Die Berufungskommission und deren Vorsitzender können ferner die eidliche Bekräftigung[3]) des Zeugnisses oder Gutachtens der vernommenen Zeugen bezw. Sachverständigen vor dem zuständigen Amtsgericht erfordern.

Die Berufungskommission hat die Personenstands- und Einkommensnachweisungen sorgfältig zu prüfen; die von ihr gezogenen Erinnerungen sind bei der Veranlagung für das nächste Steuerjahr zu beachten.

[1]) Die Zahl der Berufungen ist für jede Kommission auf 4500 fürs Jahr veranschlagt.

[2]) Daß die Berufungskommission von dem Steuerpflichtigen zur Bekräftigung seiner Angaben auch die Versicherung an Eidesstatt solle fordern dürfen, wie die Vorlage verlangte, ist von dem Abgeordnetenhause abgelehnt, weil der Deklarant bei solcher Versicherung in eine eigenthümliche Stellung zur Deklaration kommen würde.

[3]) Dagegen beschloß das Abgeordnetenhaus, daß die Zeugen erforderlichen Falls sollten vereidigt werden.

b) Beschwerde.

§ 44. Gegen die Entscheidung der Berufungskommission steht sowohl den Steuerpflichten, als auch dem Vorsitzenden der Berufungskomission die Beschwerde an das Oberverwaltungsgericht[1]) zu. Die Beschwerde ist innerhalb der im § 40 bestimmten Frist, Seitens des Vorsitzenden der Berufungskommission bei dem Oberverwaltungsgericht, Seitens der Steuerpflichtigen bei dem Vorsitzenden der Berufungskommission anzubringen und kann nur darauf[2]) gestützt werden:

1. daß die angefochtene Entscheidung auf der Nichtanwendung oder auf der unrichtigen Anwendung des bestehenden Rechts, insbesondere auch der von den Behörden innerhalb ihrer Zuständigkeit erlassenen Verordnungen beruhe;
2. daß das Verfahren an wesentlichen Mängeln leide.

In der Beschwerde ist anzugeben, worin die behauptete Nichtanwendung oder unrichtige Anwendung des bestehenden Rechts, oder worin die behaupteten Mängel des Verfahrens gefunden werden.

[1]) Nach der Vorlage sollte die Beschwerde an einen aus Räthen des Finanzministeriums, des Ober-Verwaltungsgerichts und des Kammergerichts gebildeten Steuergerichtshof gehen. Das Abgeordnetenhaus setzte jedoch auf den Antrag Gneist an dessen Stelle mit großer Mehrheit das Oberverwaltungsgericht, um einen Gerichtshof zu haben, dessen Mitglieder nicht im Nebenamte Recht sprechen, um volle Einheit der Rechtsprechung auch in Steuersachen zu gewinnen, um jeden Verdacht der Fiskalität zu vermeiden und auch das Staatssteuersystem unter Rechtskontrole zu stellen. Vorausgesetzt wurde allerdings auch prompte Geschäftsführung.

[2]) Dies entspricht im Wesentlichen den Bestimmungen über das Verfahren vor dem Oberverwaltungsgericht in anderen Sachen.

§ 45. Der Vorsitzende der Berufungskommission überreicht die bei ihm eingegangene Beschwerde des Steuerpflichtigen mit seiner Gegenerklärung, soweit er solche für erforderlich erachtet, dem Oberverwaltungsgericht. Die Beschwerde des Vorsitzenden der Berufungskommission wird dem Steuerpflichtigen zur schriftlichen Gegenerklärung innerhalb einer bestimmten, von einer [1]) bis zu vier Wochen zu bemessenden Frist zugefertigt.

[1]) Es entspricht der, in Steuersachen erforderlichen Promptheit des Verfahrens, wenn die Fristen möglichst kurz bemessen sind.

§ 46. Das Oberverwaltungsgericht erläßt seine Entscheidungen in nicht [1]) öffentlicher Sitzung, der Regel nach ohne vorherige mündliche Anhörung des Steuerpflichtigen.

Es kann jedoch dem Steuerpflichtigen von Amtswegen oder auf Antrag Gelegenheit zur persönlichen Verhandlung über den Gegenstand der Beschwerde gewähren.

Bei seiner Entscheidung ist es an diejenigen Gründe nicht gebunden, welche zur Rechtfertigung der gestellten Anträge geltend gemacht worden sind.

[1]) Um nicht die Vermögensverhältnisse der Steuerpflichtigen in die Oeffentlichkeit zu bringen.

§ 47. Erachtet das Oberverwaltungsgericht die Beschwerde für begründet, so kann es die Angelegenheit zur anderweiten Entscheidung an die Berufungskommission zurückgeben oder [1]) selbst die Steuerfestsetzung berichtigen. Im ersteren Falle sind die von dem Gerichtshofe über die Auslegung und Anwendung der gesetzlichen Vorschriften gegebenen Weisungen zu befolgen.

[1]) Auch dies entspricht den sonstigen Verfahren vor dem Ob.-Verw.-Ger.

§ 48. Ueber Beschwerden, welche das Verfahren des Vorsitzenden [1]) der Berufungskommission aus Anlaß der nach § 44 eingereichten Beschwerden betreffen, beschließt das Oberverwaltungsgericht.

[1]) Hierdurch ist dem Ob.-Verw.-Ger. ein besonderes Aufsichtsrecht über die Vorsitzenden der Berufungskommissionen eingeräumt.

§ 49. Im Uebrigen finden auf das Verfahren zum Zwecke der Entscheidung über die Beschwerden (§ 44) die über das Verwaltungsstreitverfahren auf Klagen vor dem Oberverwaltungsgerichte bestehenden gesetzlichen Bestimmungen, insbesondere diejenigen des Gesetzes über die allgemeine Landesverwaltung vom 30. Juli 1883 (Gesetz-Samml. S. 195), des Gesetzes, betreffend die Verfassung der Verwaltungsgerichte rc. vom 3. Juli 1875 und vom 2. August 1880 (Gesetz-Samml. S. 328) und des Gesetzes zur Abänderung des § 28 des letzteren vom 27. Mai 1888 (Gesetz-Samml. S. 226) mit der Maßgabe sinngemäße Anwendung, daß die Erhebung eines Pauschquantums[1]) auch dann stattfindet, wenn die Entscheidung ohne vorgängige mündliche Verhandlung erfolgt ist, und daß ein Anspruch auf Ersatz der Anwaltsgebühren[2]) nicht stattfindet.

[1]) Um das Ob.-Verw.-Ger. von offenbar unbegründeten Beschwerden der Steuerquerulanten allmählig zu entlasten.

[2]) Man hat angenommen, daß es der Bestellung eines Anwaltes in Steuersachen, welche dem Beschwerdeführer nicht fremd sind, selten bedürfen würde.

6. Geschäftsordnung der Kommissionen.

§ 50. Für sämmtliche Vorsitzende und Mitglieder der Voreinschätzungs-, Veranlagungs- und Berufungskommissionen sind Stellvertreter in gleicher Weise wie die Vorsitzenden oder Mitglieder zu ernennen bezw. zu wählen. Die Bestimmungen im § 34 Absatz 3 finden auf die Stellvertreter entsprechende Anwendung.

Wegen Annahme und Ablehnung der nach den Vorschriften dieses Gesetzes stattfindenden Ernennungen und Wahlen finden die Bestimmungen der §§ 8, 25 der Kreisordnung vom 13. Dezember 1872 (Gesetz-Samml. S. 661) sinngemäße Anwendung.[1])

Als Mitglieder der Kommission sind, abgesehen von den durch die bezüglichen Bestimmungen vorgeschriebenen besonderen Voraussetzungen, nur solche Personen wählbar, welche das 25. Lebensjahr vollendet haben und sich im Besitze der bürgerlichen Ehrenrechte befinden.

[1]) Nach der Kreisordnung berechtigen folgende Gründe zur Ablehnung eines unbesoldeten Kreisamtes: anhaltende Krankheit, Geschäfte, die eine häufige oder lange dauernde Abwesenheit vom Wohnorte mit sich bringen, das Alter von 60 Jahren, die Verwaltung eines unmittelbaren Staatsamtes, sonstige besondere Verhältnisse, welche nach dem Ermessen des Kreistages eine giltige Entschuldigung begründen; ohne solche Gründe kann der Ablehnende seines Wahlrechts für verlustig erklärt und in den Steuern erhöht werden.

§ 51. Die Vorsitzenden der Kommissionen haben die letzteren zusammenzuberufen, deren Geschäfte vorzubereiten und zu leiten, sowie die nicht von ihnen durch Einlegung von Rechtsmitteln angefochtenen Kommissionsbeschlüsse auszuführen.

Nach Bedürfniß können zur Erledigung der den Kommissionen obliegenden Geschäfte Unterkommissionen[1]) gebildet werden.

Die Kommissionen bezw. Unterkommissionen fassen ihre Beschlüsse nach Stimmenmehrheit. Dem Vorsitzenden steht volles Stimmrecht[2]) zu. Bei Stimmengleichheit entscheidet die Stimme des Vorsitzenden.

So lange über die Einschätzung oder Berufung eines Kommissionsmitgliedes oder seiner Verwandten oder Verschwägerten in auf- und absteigender Linie oder bis zum dritten Grade der Seitenlinien berathen und abgestimmt wird, hat dasselbe abzutreten.

Ergeben sich diese Voraussetzungen hinsichtlich der Person des Vorsitzenden, so hat derselbe die Führung des Vorsitzes Einem der Kommisssonsmitglieder zu übertragen.

Die Ausfertigung der Kommisionsbeschlüsse und Entscheidungen sind von dem Vorsitzenden zu vollziehen.

[1]) In Berlin erfolgt die Klassensteuereinschätzung durch weit über 100 Unterkommissionen.

[2]) Die Beilegung des vollen Stimmrechts an den Vorsitzenden schien zur Aufrechterhaltung seiner Autorität gegenüber den Kommissionsmitgliedern erforderlich.

§ 52. Die Mitglieder der Kommissionen haben dem Vorsitzenden mittelst Handschlages an Eidesstatt zu geloben, daß sie bei den Kommissionsverhandlungen ohne Ansehen der Person, nach bestem Wissen und Gewissen[1]) verfahren und die Verhandlungen sowie die hierbei zu ihrer Kenntniß gelangenden Verhältnisse der Steuerpflichtigen strengstens geheim halten werden.

Das gleiche Gelöbniß haben vor einem von der Regierung zu ernennenden Kommissar diejenigen Vorsitzenden abzulegen, welche nicht schon als Beamte vereidigt sind.

Die bei der Steuerveranlagung betheiligten Beamten sind zur Geheimhaltung der Kommissionsverhandlungen sowie der zu ihrer Kenntniß gelangenden Verhältnisse der Steuerpflichtigen kraft des von ihnen geleisteten Amtseides verpflichtet. Die Steuererklärungen sind unter Verschluß aufzubewahren und dürfen, ebenso wie die Kommissionsverhandlungen über dieselben nur zur Kenntniß durch ihren Amtseid zur Geheimhaltung verpflichteter Beamten gelangen.[2])

[1]) Die Worte „ohne Ansehen der Person nach bestem Wissen und Gewissen", welche früher in dem Gelöbniß fehlten, sind passend in dasselbe aufgenommen.

[2]) Hierdurch ist die erforderliche Gewähr für die Geheimhaltung der Steuererklärungen gegeben.

§ 53. Die von den Vorsitzenden der Kommissionen zu bewirkenden Zustellungen an Steuerpflichtige sind durch einen öffentlichen Beamten unter Bescheinigung der Behändigung auszuführen. Die Post kann um die Bewirkung der Zustellung ersucht werden. In beiden Fällen gilt die Zustellung für vollzogen, auch wenn die Annahme verweigert wird.

Sind Wohnsitz und Aufenthalt eines Steuerpflichtigen unbekannt, so kann die Zustellung an denselben durch Anheftung des zuzustellenden Schriftstückes an der zu Aushängen der Gemeinde des Veranlagungsortes bestimmten Stelle erfolgen. Die Zustellung gilt für vollzogen, wenn seit der Anheftung zwei Wochen verstrichen sind. Auf die Giltigkeit der Zustellung hat es keinen Einfluß, wenn das Schriftstück von dem Orte der Anheftung zu früh entfernt wird.[1])

Die außerhalb Preußens zu bewirkenden Zustellungen können mittelst eingeschriebener Briefe erfolgen. Die Zustellung gilt mit der Aufgabe zur Post für vollzogen.

[1]) Diese Bestimmungen füllen eine Lücke der bestehenden Gesetze aus.

§ 54. Unterläßt der berechtigte Kommunalverband, ungeachtet gehöriger Aufforderung, die Wahl der Kommissionsmitglieder, oder verweigert eine Kommission die Erledigung der ihr übertragenen Geschäfte,[1]) so sind diese für die betreffende Veranlagungsperiode auf Verfügung der Aufsichtsbehörde von dem Vorsitzenden wahrzunehmen. Vor Beginn des nächsten Veranlagungsgeschäfts hat eine Neuwahl der wählbaren Kommissionsmitglieder zu erfolgen.

[1]) Solche Fälle sind nicht nur möglich, sondern anderweit schon vorgekommen.

IV. Oberaufsicht.

§ 55. Die oberste Leitung des Veranlagungsgeschäfts im Staate gebührt dem Finanzminister,[1]) welcher zugleich Beschwerden gegen das Verfahren der Berufungskommissionen und der Vorsitzenden derselben, mit Ausnahme der Rechtsmittel (§ 44) zu entscheiden hat.

[1]) Dies Oberaufsichtsrecht entspricht den Bestimmungen des § 31 d. G. v. 1. 5. 5. u. 25. 5. 73.

V. Veränderung der veranlagten Steuer innerhalb des Steuerjahres.

§ 56. Die Veranlagung der Einkommensteuer erfolgt für jedes Rechnungsjahr (Steuerjahr).[1])

[1]) Dieser Bestimmung bedurfte es, da das Steuerjahr mit dem Kalenderjahr nicht zusammenfällt.

§ 57. Die Vermehrung des Einkommens während des laufenden Steuerjahres begründet keine Veränderung in der schon erfolgten Veranlagung. Tritt die Vermehrung in Folge eines Erbanfalles[1]) ein, so sind die Erben entsprechend der Vermehrung ihres Einkommens anderweit zu veranlagen und zur Entrichtung der Steuer von dem Beginne des auf den Anfall der Erbschaft folgenden Vierteljahres ab verpflichtet.

[1]) Diese Ausnahme ist neu, aber gerechtfertigt, denn eine zeitweise Freilassung erheblicher Objekte verträgt sich nicht mit den Grundsätzen einer gerechten Besteuerung.

§ 58. Wird nachgewiesen, daß während des laufenden Steuerjahres in Folge des Wegfalles[1]) einer Einnahmequelle oder in Folge außergewöhnlicher Unglücksfälle[2]) das Einkommen eines Steuerpflichtigen um mehr als den vierten Theil vermindert worden ist oder das wegfallende Einkommen anderweit zur Einkommensteuer herangezogen wird[3]) (§ 57), so kann vom Beginne des auf den Eintritt der Einkommensverminderung folgenden Vierteljahres ab eine dem verbliebenen Einkommen entsprechende Ermäßigung der Einkommensteuer beansprucht werden.

[1]) Diese Bestimmung entspricht im Allgemeinen dem G. v. 25. 5. 73, und ist „Wegfalles" statt „Verlustes" gebraucht, um auszudrücken, daß auch eine freiwillige Minderung den Erlaß begründet.

[2]) Entspricht dem § 13 des Klassensteuergesetzes.

[3]) Dieser Satz ist auf Beschluß des Abgeordnetenhauses eingeschaltet.

§ 59. Im Uebrigen tritt innerhalb des Steuerjahres eine Veränderung in den Steuerrollen nur ein entweder in Folge von Zugängen, indem Personen durch Zuzug aus anderen Bundesstaaten und aus dem Auslande, durch Austritt aus einer besteuerten Haushaltung, durch Ausscheiden aus dem Militärdienst u. s. w. steuerpflichtig werden, oder in Folge von Abgängen, indem bei Steuerpflichtigen die Voraussetzungen, an welche die Steuerpflicht geknüpft ist, erlöschen.

Die Zu- und Abgangstellung erfolgt von dem Beginne des auf den Eintritt bezw. das Erlöschen der Steuerpflicht folgenden Monats[1]) ab.

[1]) Die Vorlage hatte hier „Vierteljahr“ statt „Monat; die Aenderung ist von dem Abgeordnetenhause aus Billigkeitsrücksichten beschlossen.

§ 60. Ueber die Steuerermäßigung (§ 58) hat die Regierung[1]) auf den bei dem Vorsitzenden der Veranlagungskommission zu stellenden Antrag zu befinden. Gegen ihre Entscheidung steht dem Steuerpflichtigen binnen einer Ausschlußfrist von vier Wochen die bei der Regierung einzulegende Beschwerde an den Finanzminister offen.

In den Fällen der §§ 57 und 59 trifft der Vorsitzende der Veranlagungskommission die vorläufige Entscheidung über den zu entrichtenden Steuersatz und den Zeitpunkt der Zu- oder Abgangstellung.

Die Feststellung der Abgangslisten, welche in den vom Finanzminister zu bestimmenden Fristen einzureichen sind, steht der Regierung zu. Gegen die Entscheidung der Regierung ist die Beschwerde nach Maßgabe der Bestimmung im Absatz 1 gestattet.

Die Veranlagung bei Zugangstellungen und Steuererhöhungen erfolgt halbjährlich.

Die Steuerpflichtigen sind nach Maßgabe des § 25 zur Abgabe von Steuererklärungen berechtigt bezw. verpflichtet.

¹) Dies entspricht, um die Kommissionen nicht zu sehr zu belasten, dem bisherigen Verfahren.

§ 61. Steuerpflichtige, welche im Laufe des Steuerjahres ihren Wohnsitz verändern, haben sich bei dem Gemeinde- (Guts-) vorstande des Abzugortes ab- und bei dem des Anzugortes, binnen 14 Tagen nach erfolgtem Anzuge, anzumelden und gleichzeitig über ihre erfolgte Veranlagung zur Einkommensteuer auszuweisen.¹)

Insofern die polizeiliche Ab- und Anmeldung nicht bei dem Gemeinde- (Guts-) vorstande, sondern bei einer anderen Behörde stattzufinden hat, vertritt die Ab- bezw. Anmeldung bei der letzteren die Ab- bezw. Anmeldung bei dem Gemeinde- (Guts-) vorstande.

Den Gemeinde- (Guts-) vorständen liegt nach den vom Finanzminister hierüber zu treffenden Anordnungen die Führung der Zu- und Abgangslisten ob.

¹) Hierdurch wird das Verfahren bei Feststellung der Ab- und Zugänge, so wie das Meldewesen angemessen geordnet.

VI. Steuererhebung.

§ 62. Die veranlagte Steuer ist in vierteljährlichen Beträgen in der ersten Hälfte des zweiten Monats¹) eines jeden Vierteljahrs an die von der Steuerbehörde zu bezeichnende Empfangstelle abzuführen.

Es steht dem Steuerpflichtigen frei, die ihm auferlegte Steuer auf mehrere Vierteljahre bis zum ganzen Jahresbetrage im Voraus zu zahlen.

¹) Nach der Vorlage sollte die Steuer in vierteljährigen Beträgen in den ersten 8 Tagen jedes Vierteljahres voraus entrichtet werden, um dem Erheber bei der ambulanten Steuereinziehung die hierzu nöthige Zeit zu gestatten; das Abgeordnetenhaus beschloß jedoch, da viele Personen ihre Einnahmen nicht voraus beziehen, den Termin auf die 1. Hälfte des 2. Monats jedes Vierteljahres zu verlegen.

§ 63. Die Zahlung der veranlagten Steuer wird durch die Einlegung von Rechtsmitteln nicht aufgehalten, muß vielmehr, mit Vorbehalt späterer Erstattung, in den vorgeschriebenen Fristen erfolgen.

[1]) Dies entspricht der bisherigen Vorschrift.

§ 64. Veranlagte Einkommensteuerbeträge können in einzelnen Fällen niedergeschlagen werden, wenn deren zwangsweise Beitreibung die Steuerpflichtigen in ihrer wirthschaftlichen Existenz gefährden, oder wenn das Beitreibungsverfahren voraussichtlich ohne Erfolg sein würde.

[1]) Diese Bestimmung ist ebenso human wie praktisch.

§ 65. Die veranlagte Steuer ist nicht zu erheben:

1. von den Unteroffizieren und Mannschaften des Beurlaubtenstandes, welche mit einem Einkommen von nicht mehr als 3000 Mark veranlagt sind, für diejenigen Monate, in denen sie sich im aktiven Dienste befinden;[1])
2. von dem Diensteinkommen der Reichs- und Staatsbeamten und Offiziere während der Zugehörigkeit derselben zur Besatzung eines zum auswärtigen Dienst bestimmten Schiffs oder Fahrzeuges der Kaiserlichen Marine, und zwar vom ersten desjenigen Monats ab, welcher auf den Monat folgt, in welchem die heimischen Gewässer verlassen werden, bis zum Ablauf des Monats, in welchem die Rückkehr in dieselben erfolgt[2])

[1]) Diese Vorschrift des 5d des Klassensteuergesetzes hat hier ihre passende Stelle gefunden.

[2]) Hier wird bisher praktisch geübtes Recht wiederholt.

VII. Strafbestimmungen.

§ 66. Wer wissentlich[1]) in der Steuererklärung oder bei Beantwortung der von zuständiger Seite an ihn gerichteten Fragen, oder zur Begründung eines Rechtsmittels

a) über sein steuerpflichtiges Einkommen oder über das Einkommen der von ihm zu vertretenden Steuerpflichtigen unrichtige oder unvollständige Angaben macht, welche geeignet sind, zur Verkürzung der Steuer zu führen,

b) steuerpflichtiges Einkommen, welches er nach den Vorschriften dieses Gesetzes anzugeben verpflichtet ist, verschweigt,

wird, wenn eine Verkürzung des Staates stattgefunden hat, mit dem 4- bis 10 fachen Betrage der Verkürzung,[2]) andernfalls mit dem 4—10 fachen Betrage der Jahressteuer,[3]) um welche der Staat verkürzt werden sollte, mindestens aber mit einer Geldstrafe von 100 Mark, bestraft.

An die Stelle dieser Strafe tritt eine Geldstrafe von 20—100 Mark,[4]) wenn aus den Umständen zu entnehmen ist, daß die unrichtige oder unvollständige Angabe oder die Verschweigung steuerpflichtigen Einkommens zwar wissentlich, aber nicht in der Absicht der Steuerhinterziehung erfolgt ist.

Derjenige Steuerpflichtige, welcher, bevor eine Anzeige erfolgt oder eine Untersuchung eingeleitet ist, seine Angabe an zuständiger Stelle berichtet oder ergänzt, bezw. das verschwiegene Einkommen angiebt und die vorenthaltene Steuer in der im gesetzten Frist entrichtet, bleibt straffrei.

[1]) Es wird vorausgesetzt, daß dies in der Absicht der Steuerhinterziehung geschieht, wie aus Absatz 2 hervorgeht.

[2]) Dies ist die Strafe für den vollendeten Steuerbetrug.

[3]) Dies ist die Strafe für den versuchten Steuerbetrug.

[4]) Der Antrag Immwalle, den Mindestbetrag der Strafe fortfallen zu lassen, so daß also auch 1 M. Strafe eintreten könnte, wurde vom Abgeordnetenhause abgelehnt.

§ 67. Die Einziehung der hinterzogenen Steuer erfolgt neben und unabhängig von der Strafe.

Die Verbindlichkeit zur Nachzahlung der Steuer verjährt in 10 Jahren und geht[1]) auf die Erben, jedoch für diese mit einer Verjährungsfrist von 5 Jahren und nur auf Höhe ihres Erbantheils, über. Die Verjährungsfrist beginnt mit Ablauf des Steuerjahres, in welchem die Hinterziehung begangen wurde.

Die Festsetzung der Nachsteuer steht der Regierung zu, gegen deren Entscheidung nur Beschwerde an den Finanzminister zulässig ist.

[1]) Die Vorlage wollte die 10jährige Verjährungsfrist auch für die Erben gelten lassen, die Kommission des Abgeordnetenhauses beschloß jedoch die Verkürzung der Frist für die Erben auf 5 Jahre und sprach die Ansicht aus, daß den Erben die bei Lebzeiten des Erblassers verlaufene Frist auf die fünf Jahre angerechnet werden soll. Das Letztere dürfte jedoch unzulässig sein, denn für den Erblasser und den Erben ist eine besondere Verjährungsfrist bestimmt. Das Abgeordnetenhaus hat den § 67 ohne Debatte angenommen, ohne in Betracht zu ziehen, daß sein Zusatz den Erben noch ungünstiger stellt, als die Vorlage, falls bei Lebzeiten des Erblassers bereits mehr als 5 Jahre verflossen waren.

§ 68. Wer die in Gemäßheit des § 22 von ihm erforderte Auskunft verweigert[1]) oder ohne genügenden Entschuldigungsgrund in der gestellten Frist gar nicht oder unrichtig ertheilt, wird mit einer Geldstrafe bis 300 Mark bestraft.

Wer der im § 61 vorgeschriebenen Verpflichtung zur An- und Abmeldung nicht rechtzeitig nachkommt, wird mit Geldstrafe bis zu 20 Mark bestraft.

Nach § 22 ist der Besitzer eines bewohnten Grundstücks verpflichtet, bei der Personenstandsaufnahme die daselbst vorhandenen Personen anzugeben, und nach der Vorlage sollte derjenige Besitzer, welcher diese Auskunft verweigert oder unrichtig ertheilt, auch „für die dem Staate durch sein Verschulden entgangene Steuer haften". Die letzten Worte hat die Kommission des Abgeordnetenhauses gestrichen und das Abgeordnetenhaus den § in seiner jetzigen Fassung ohne Debatte angenommen. Die Verweigerung der Auskunft ist jedoch keineswegs so harmlos, daß die Streichung der betr. Worte für diesen Fall gerechtfertigt erscheinen könnte.

§ 69. Die bei der Steuerverwaltung betheiligten Beamten sowie die Mitglieder der Kommissionen werden, wenn sie die zu ihrer Kenntniß gelangten Erwerbs-, Vermögens- oder Einkommensverhältnisse eines Steuerpflichtigen, insbesondere auch den Inhalt einer Steuererklärung oder der darüber gepflogenen Verhandlungen unbefugt offenbaren, mit Geldstrafe bis zu 1500 Mark oder mit Gefängniß bis zu 3 Monaten bestraft.

Die Verfolgung findet nur auf Antrag der Regierung oder des betroffenen Steuerpflichtigen[1]) statt.

[1]) Die Worte „oder des betroffenen Steuerpflichtigen" sind von dem Abgeordnetenhause hinzugefügt, um zu verhindern, daß die Regierung den bei ihr gestellten Antrag des Steuerpflichtigen, die strafrechtliche Verfolgung zu veranlassen, etwa „mit Rücksicht auf das öffentliche Wohl" ablehne. Der entgegenstehende Antrag Tiedemann blieb in der Minderheit.

§ 70. Die auf Grund der §§ 66, 68 und 69 festzusetzenden, aber unbeitreiblichen Geldstrafen sind nach Maßgabe der für Uebertretungen geltenden Bestimmungen des Strafgesetzbuches für das Deutsche Reich (§§ 28 und 29) in Haft umzuwandeln.[1])

Die Untersuchung und Entscheidung in Betreff der in den §§ 66 und 68 bezeichneten strafbaren Handlungen steht dem Gericht zu, wenn nicht der Beschuldigte die von der Regierung vorläufig festgesetzte Geldstrafe nebst den durch das Verfahren gegen ihn entstandenen Kosten binnen einer ihm bekannt gemachten Frist freiwillig zahlt.

Die Regierungen sind ermächtigt, hierbei eine mildere als die im § 66 vorgeschriebene Strafe in Anwendung zu bringen.

Hat der Beschuldigte in Preußen keinen Wohnsitz, so erfolgt das Einschreiten des Gerichts ohne vorläufige Festsetzung der Strafe durch die Regierung. Dasselbe findet statt, wenn die Regierung aus sonstigen Gründen von der vorläufigen Festsetzung der Strafe Abstand zu nehmen erklärt oder der Angeschuldigte hierauf verzichtet.

Die Entscheidung wegen der hinterzogenen Steuer verbleibt in allen Fällen der Verwaltungsbehörde.

In Betreff der Zuwiderhandlung wegen der Verpflichtung zur Geheimhaltung (§ 79) findet nur das gerichtliche Strafverfahren statt.

[1]) Das Abgeordnetenhaus hat hier die bezüglichen Bestimmungen des Gesetzes eingefügt, um den Steuerpflichtigen dieselben unmittelbar vor Augen zu führen.

[2]) Eine solche Konkurrenz der Regierung, die sich dem Publikum als die „milde" empfiehlt, mit den Gerichten des Landes scheint übel angebracht.

VIII. Kosten.

§ 71. Die Kosten der Steuerveranlagung und Erhebung fallen der Staatskasse zur Last. Jedoch sind diejenigen Kosten, welche durch die gelegentlich der eingelegten Rechtsmittel erfolgenden Ermittelungen veranlaßt werden, von dem Steuerpflichtigen zu erstatten, wenn sich seine Angaben in wesentlichen Punkten als unrichtig erweisen.[1]) Die Festsetzung der zu erstattenden Kosten erfolgt durch die Regierung, gegen deren Entscheidung nach Maßgabe des § 60 Absatz 1 die Beschwerde an den Finanzminister gestattet ist.

[1]) Diese Bestimmung trifft die frivole Einlegung von Rechtsmitteln.

§ 72. Die Mitglieder der Kommission erhalten Reise- und Tagegelder[1]) nach Maßgabe der Verordnung, betreffend die Tagegelder und Reisekosten u. s. w., vom 20 Dezember 1876 (Gesetz-Samml. 1877 S. 3).

Die Gebühren für Zeugen und Sachverständige (§ 38) werden nach den in Zivilprozessen zur Anwendung kommenden Vorschriften berechnet.

[1]) Ob auch die Mitglieder der Veranlagungskommission, was nicht ungerechtfertigt wäre, Tagegelder erhalten sollten, ist nicht ersichtlich.

§ 73. Den Gemeinden und Gutsbezirken werden als Vergütung für die bei Veranlagungen der Steuer ihnen übertragenen Geschäfte 2 Prozent[1]) der eingegangenen Steuer gewährt.

Hinsichtlich der örtlichen Erhebung der Steuer verbleibt es bis auf Weiteres bei den bestehenden Bestimmungen mit der Maßgabe, daß die bisher zur örtlichen Erhebung der Klassensteuer verpflichteten Gemeinden und Gutsbezirke die Steuer von Einkommen von nicht mehr als 3000 Mark zu erheben haben.

Diejenigen Gemeinden und Gutsbezirke, welchen die Steuerhebung übertragen ist, erhalten für dieselbe eine Vergütung von 2 Prozent[1]) der Isteinnahme der zu erhebenden Steuern.

[1]) Bisher erhielten die Gemeinden je 2 Prozent; es ist jedoch zu beachten, daß die Gebühr sich durch Veranlagung und Erhebung der Steuer für die Einkommen von mehr als 3000 M. gegen früher erhöht.

IX. Heranziehung zu Kommunalabgaben sowie Regelung des Wahlrechts.

§ 74. Sind zu den Beiträgen und Lasten, welche kommunale und andere öffentliche (Schul-, Kirchen- u. s. w.) Verbände nach dem Maßstabe der Einkommsteuer aufzubringen bezw. zu vertheilen haben, Personen mit Einkommen von nicht mehr als 900 Mark heranzuziehen, so erfolgt deren Veranlagung auf Grund nachstehender fingirter Normalsteuersätze: [1])

bei einem Jahreseinkommen von mehr als	bis einschließl.	Jahressteuer
— M.	420 M.	2/3 Prozent des ermittelten steuerpflichtigen Einkommens bis zum Höchstbetrage von 1,20 M.
420 „	660 „	2,40 M.
660 „	900 „	4,00 „

Die vorbezeichneten Personen können, wenn die Deckung des Bedarfs des betreffenden Verbandes ohne deren Heranziehung gesichert ist, von der Beitragspflicht entbunden oder mit einem geringeren Prozentsatze als das höhere Einkommen herangezogen werden; ihre Freilassung muß erfolgen sofern sie im Wege der öffentlichen Armenpflege fortlaufende Unterstützung erhalten.

[1]) Da viele Gemeinden nicht in der Lage sind, die Einkommen bis 900 M. steuerfrei zu lassen, so sind hier fingirte Normalsteuersätze aufgestellt, welche gegen des Gesetzes vom 25. 5. 73 eine Ermäßigung enthalten.

§ 75. Die Veranlagung (§ 74) geschieht durch die Voreinschätzungskommissonen (§ 31) unter Anwendung der Bestimmungen dieses Gesetzes.

Die Beschlüsse der Voreinschätzungskommission unterliegen der Prüfung des Vorsitzenden der Veranlagungskommission; beanstandet derselbe einen Beschluß, so erfolgt die Festsetzung des Steuersatzes durch die Veranlagungskommission[1]).

Die festgesetzte Steuerliste ist 14 Tage lang öffentlich auszulegen und der Beginn der Auslegung in ortsüblicher Weise bekannt zu machen.

Gegen die Veranlagung steht dem Steuerpflichtigen binnen einer Ausschlußfrist von vier Wochen nach Ablauf der Auslegungsfrist die Berufung zu und zwar

a) wenn die Veranlagung durch die Voreinschätzungskommission ohne Beanstandung erfolgt ist, an die Veranlagungskommission,

b) wenn die Festsetzung des Steuersatzes durch die Veranlagungskommission stattgefunden hat, an die Berufungskommission.

[1]) Die Veranlagung erfolgt durch die Voreinschätzungskommissionen, um die Veranlagungskommission nicht zu überlasten, jedoch unter Kontrole des Vorsitzenden der letzteren.

§ 76. Für die Feststellung der nach dem Maßstabe der Besteuerung geregelten Wahl-, Stimm- und sonstigen Berechtigungen in den öffentlichen Verbänden (§ 74) treten an die Stelle der bisherigen Klassensteuersätze die in den §§ 17, 74 vorgesehenen entsprechenden Steuersätze, falls aber die Veranlagung in Gemäßheit des § 75 nicht stattgefunden hat, die den betreffenden Klassensteuerstufen entsprechenden Einkommensbezüge [1])

[1]) Diese Bestimmung soll einer Verschiebung des Wahlrechts zu Ungunsten der 3. Klasse vorbeugen.

§ 77. Soweit nach den bestehenden Bestimmungen in Stadt- und Landgemeinden das Bürgerrecht bezw. das Stimm- und Wahlrecht in Gemeindeangelegenheiten an die Bedingung eines jährlichen Klassensteuerbetrages von 6 Mark geknüpft ist, tritt bis zur anderweitigen gesetzlichen Regelung des Gemeindewahlrechts an die Stelle des genannten Satzes der Steuersatz von 4 Mark bezw. ein Einkommen von mehr als 660 Mark bis 900 Mark.[1])

In denjenigen Landestheilen, in welchen für die Gemeindevertreterwahlen die Wähler nach Maßgabe der von ihnen zu entrichtenden direkten Steuern in Abtheilungen getheilt werden, tritt an Stelle eines 6 Mark Einkommensteuer übersteigenden Steuersatzes, an welchen durch Ortsstatut das Wahlrecht geknüpft wird, der Steuersatz von 6 Mark.[2])

Wo solche Ortsstatuten nach bestehenden Kommunalordnungen zulässig sind, kann das Wahlrecht von einem niedrigeren Steuersatze bezw. von einem Einkommen von 900 M. abhängig gemacht werden. Eine Erhöhung ist nicht zulässig.[3])

[1]) Hierdurch wird das bisherige Verhältniß unter Berücksichtigung der von diesem Gesetze getroffenen Aenderungen materiell aufrecht erhalten.

[2]) Diese Vorschrift soll einer allzu großen Verschiebung des Wahlrechts zum Nachtheil der unteren Abtheilungen entgegetreten.

[3]) Hierdurch wird einer ortsstatutarischen Benachtheiligung des Wahlrechts der ärmeren Einwohner ein Riegel vorgeschoben.

X. Schlußbestimmungen.

§ 78. Die in diesem Gesetz den Regierungen zugewiesenen Befugnisse und Obliegenheiten werden für die Haupt- und Residenzstadt Berlin von der Direktion für die Verwaltung der direkten Steuern in Berlin wahrgenommen.[1])

[1]) Dies entspricht dem Landesverwaltungsgesetz v. 30. 7. 83.

§ 79. Die in diesem Gesetze bestimmten Ausschlußfristen sowie die Frist zur Einreichung der Steuerklärungen werden für die in außereuropäischen Ländern und Gewässern Abwesenden auf 6 Monate, für andere außerhalb des Deutschen Reiches Abwesende auf 6 Wochen,[1]) für die übrigen Abwesenden auf 3 Wochen[2]) verlängert.

[1]) Diese Fristerstreckung ist dem Erbschaftssteuergesetz v.30. 5. 73 entnommen.

[2]) Diese Frist hat das Abgeordnetenhaus hinzugefügt.

§ 80. Steuerpflichtige, welche, entgegen den Vorschriften dieses Gesetzes, bei der Veranlagung übergangen, oder zu einer ihrem wirklichen Einkommen nicht entsprechenden niedrigeren Steuerstufe veranlagt worden sind, ohne daß eine strafbare Hinterziehung der Steuer stattgefunden hätte (§§ 66, 67), sind zur Entrichtung des der Staatskasse entzogenen Betrages verpflichtet. Die Verpflichtung erstreckt sich auf die drei[1]) Steuerjahre zurück, welche dem Steuerjahr, in welchem die Verkürzung festgestellt worden, vorausgegangen sind.

Die Verpflichtung zur Zahlung der Nachsteuer geht auf die Erben, jedoch nur bis zur Höhe ihres Erbtheils, über.

Die Veranlagung der Nachsteuer erfolgt einheitlich für den ganzen Zeitraum, auf welchen sich die Verpflichtung erstreckt, nach den Vorschriften dieses Gesetzes.

[1]) Das Gesetz v. 18. 6. 40 beschränkt die Nachforderung wegen gänzlicher Uebergehung auf das laufende Rechnungsjahr; dies erscheint im Interesse der Staatskasse nicht gerechtfertigt.

§ 81. Soweit das gegenwärtige Gesetz abweichende Bestimmungen nicht enthält, finden die Vorschriften des Gesetzes über die Verjährungsfristen bei öffentlichen Abgaben vom 18. Juni 1840 (Gesetz-Samml. S. 140) auf die Einkommensteuer Anwendung.[1]

[1] Im Uebrigen bleibt also das Gesetz v. 18. 6. 40 in Kraft.

§ 82. Uebersteigt die Einnahme an Einkommensteuer für das Jahr 1892/93 den Betrag von 80 000 000 M.[1] und für die folgenden Jahre einen um je 4 Prozent[2]) erhöhten Betrag, so werden die Ueberschüsse nach Maßgabe eines zu erlassenden besonderen Gesetzes zur Durchführung der Beseitigung der Grund- und Gebäudesteuer als Staatssteuer und der Ueberweisnng von Grund- und Gebäudesteuer an kommunale Verbände verwandt.[3]

[1] Das Abgeordnetenhaus hat den Betrag der Vorlage von 79 833 000 M. abgerundet.

[2] Der Betrag der Vorlage mit 5.15 Prozent ist vom Abgeordnetenhause auf 4 Prozent ermäßigt.

[3] Den Antrag Rickert auf Quotisirnng lehnte das Abgeordnetenhaus ab.

§ 83. Bis zum Erlasse des im § 82 erwähnten Gesetzes, jedoch längstens bis zum Etatsjahr 1893/94[1] einschließlich, sind die Ueberschüsse zu einem besonderen von dem Finanzminister zu verwaltenden Fonds abzuführen, welcher einschließlich seiner Zinsen nach Maßgabe des § 82 zu verwenden ist.

[1] Es ist also angenommen, daß das Gesetz, betr. die Ueberweisung der Grund- und Gebäudesteuer bis zum 1. April 1898 zu Stande kommt.

§ 84. Ist das im § 82 vorgesehene Gesetz nicht bis zum 1. April 1894 ergangen, so sind die daselbst bezeichneten Ueberschüsse einschließlich des bis dahin etwa aufgesammelten Fonds nach Maßgabe der folgenden Bestimmungen zum Erlaß eines entsprechenden Betrages an Einkommensteuer zu verwenden:[1]

I. Der zum Erlaß zu verwendende Betrag wird durch den Staatshaushaltsetat festgestellt.

II. Der Erlaß findet in gleichen Monatsraten aller Steuerstufen statt. Insoweit der verfügbare Erlaßbetrag zur Deckung des Ausfalles einer vollen oder einer weiteren vollen Monatsrate der sämmtlichen Steuerstufen der für das betreffende Jahr veranlagten Einkommensteuer nicht zureicht, ist der etwa verbleibende Ueberschuß des Erlaßbetrages zum Erlaß bezw. zum ferneren Erlaß einer Monatsrate derjenigen Steuerstufen, von unten beginnend, zu verwenden, für welche derselbe ausreicht.

Der etwaige Rest des Erlaßbetrages ist demjenigen des nächsten Jahres zuzusetzen.

III. Die Feststellung der Verwendung erfolgt durch den Finanzminister, sobald die Veranlagung für dasselbe Jahr vollzogen ist. Das Ergebniß der Feststellung ist zu veröffentlichen.

IV. Der durch den Erlaß einer Monatsrate der Einkommensteuer oder einzelner Stufen derselben (Nr. II) entstehende Ausfall wird auf ein Zwölftel des aus der jährlichen Veranlagung sich ergebenden Jahressteuerbetrages unter Abzug von drei Prozent für die im Laufe des Jahres entstehenden Abzüge und Ausfälle bestimmt.

V. Die für die örtliche Erhebung und für die Veranlagung der Einkommensteuer den Gemeinden bewilligten Gebühren (§ 73) sind auch von den unerhoben bleibenden Monatsraten der Einkommensteuer und zwar von dem nach der Bestimmung unter IV zu berechnenden Betrage derselben aus der Staatskasse zu gewähren.

[1]) Hier wird Fürsorge für den Fall getroffen, daß das betr. Gesetz bis zum 1. April 1894 nicht zu Stande kommt.

§ 85. Der Finanzminister wird mit der Ausführung dieses Gesetzes beauftragt.

Dasselbe kommt zunächst bei der Veranlaguug für das Jahr 1892/93 zur Anwendung, jedoch nur gleichzeitig mit dem Gesetze, betreffend die Aenderung des Wahlverfahrens.

Kommunalverbände, welche für das Jahr 1892/93 nach Maßstabe der neuen Veranlagung die bestehenden Zuschläge zur Staatseinkommensteuer herabsetzen, bedürfen hierzu keiner Genehmigung der Aufsichtsbehörden.[1])

Mit dieser Maßgabe und vorbehaltlich der Anwendung auf frühere Fälle treten die auf die Einrichtung und Veranlagung der Klassen- und klassifizirten Einkommensteuer bezüglichen Vorschriften, insbesondere

das Gesetz vom 1. Mai 1851 (Gesetz.-Samml. S. 193),

das Gesetz vom 25. Mai 1873 (Gesetz-Samml. S. 213),

das Gesetz vom 2. Jannar 1874 (Gesetz-Samml. S. 9),

das Gesetz vom 16. Juni 1875 (Gesetz-Samml. S. 234),

§ 9 Nr. 1 und § 9 Absatz 3 des Gesetzes vom vom 23. Juni 1876 (Gesetz-Samml. S. 169),

Artikel III und IV des Gesetzes vom 12. März 1877 (Gesetz-Samml. S. 19)

am 1. April 1892 außer Kraft.

Urkundlich 2c.

[1]) Da die Verbände die Erfolge der Vermehrung abwarten müssen, so würde es an Zeit fehlen, die Genehmigung einzuholen, falls die Herabsetzung schon für das folgende Jahr eintreten soll.

Sachregister.

Druckfehler:

S. 54 § 58 lies „Monats" statt „Vierteljahres".

Druck von Hermann Brieger, Berlin S.W. 12.

FSC
www.fsc.org
MIX
Papier | Fördert
gute Waldnutzung
FSC® C083411

Kolibri 360 GmbH
Ferdinand-Jühlke-Straße 7
99095 Erfurt, Deutschland
produktsicherheit@kolibri360.de